JN023308

エリア・マーケティング デベロップメント

岩田 貴子 著

税務経理協会

はじめに

　前著『エリア・マーケティング　アーキテクチャー（増補版）』の2017年の上梓から5年の月日が経つ。その間には世界的にコロナ禍という現代社会が経験してこなかった状況に社会や企業は立ち向かざるをえない環境となった。人と人，人と社会，人と企業との従来までの関り方とは異なる理論や戦略が求められているが，いまだに何が果たして止解なのか議論の余地があり，さまざまな観点から検討が行われている。

　不透明な時代にはあるが，ここで，前著からの変化を受け止めこの著書ではエリア・マーケティング理論を現段階で再考し整理を行い，新展開への萌芽を示すことに努める。これはマーケティング研究者としては行わなくてはならないものであろう。

　恩師である室井鐵衛は「マーケティングの理解とは，世の中の変化と，ものづくりの本質と，生活における優れた知性と，美しい人情をいかに理解するかに解く鍵があると思える。」（自然塾編著『室井鐵衛　マーケティングの本質』クリエー出版，2014，p.109.）と説いた。この言葉は，静かに深く，趣のある響きとなって心に染みてくる。

　マーケティングの役割は何か。まずは世の中の変化に対応しなくてはならない。昨今のドラスティックな変動に対し，マーケティングの根源を見つめ立ち返ることから始めたい。これは懐古主義に至ることではなく，枝葉をそぎ落とし，太い幹を整える作業でもある。

　本著では地域の開発を主に検討する。エリア・マーケティングは地域開発にいかに関わることが可能なのか。それが今回の著作を記した主な目的である。

　この本は2部構成である。

　第Ⅰ部ではエリア・マーケティングの半世紀を辿り，現在から近未来へのエリア・マーケティングの展開を臨む。第1章「エリア・マーケティング理論の半世紀と新展開」においてはまずエリア・マーケティングはなぜ生まれたのか，

その理論が提示された時代背景はどのようなものか，エリア・マーケティング理論の発祥の経緯を整理することにより，マーケティングにおけるエリア・マーケティングの誕生の経緯を探る。続いて，その展開と今後の方向性並びに新しい動きについて述べる。

　第Ⅱ部においてはさまざまな事例からエリア・マーケティングを地域開発の視点から整理を行った。

　第2章「地域格差とエリア・マーケティング─内発的発展論からの一試論─」では地域開発において，地域格差をいかに乗り越えていくのか，それに対してのマーケティングの役割を整理する。

　第3章「農家による農村振興とエリア・マーケティング─グリーン・ツーリズム，農泊の現状と展望─」では農泊という商品を農村はいかに創り育ててきたのかを，マーケティングの視点から整理する。

　第4章「地産地消とエリア・マーケティング」においては，地域で産出するものを地域で消費するという形態が現代ではいかに展開されているのか，展開の様相と課題点を探る。

　エリア・マーケティングが生まれてから半世紀，ここでエリア・マーケティングを誕生させた意義と目的を再確認する一歩となれば幸甚である。

　本著を出版するにあたり，ご協力いただいたすべての方々に御礼を申し上げたい。2020年度には日本大学から特別研究員として1年間の研究休暇をいただき，さまざまな観点から研究調査に赴くことができたことに感謝の意を改めて申し上げるものである。税務経理協会の大川晋一郎様にはひとかたならぬお世話になった。この場をお借りして謝辞を申し上げる。

令和4年4月

岩田貴子

2

目　　次

はじめに

1

3

第Ⅰ部

エリア・マーケティングの
理論の展望

第 1 章

エリア・マーケティング理論の半世紀と新展開

第1節　エリア・マーケティングの発祥

　エリア・マーケティングの思考の萌芽は，室井鐵衛によれば，市場戦略に地域ごとの視点が重要だと気づいた1950年代ごろの新製品ラッシュのときであったという。その時期，室井は消費者について同じようなテーマでの市場調査依頼を間断なく依頼された[1]。そのたびに商品ごとで各消費者を調査するのではなく，各地域における消費者というものその全てを調査してしまったほうが効率的なのではないか，と着眼したのがエリア・マーケティングを生み出す最初の発想であった。マーケティング・リサーチから，プロダクト・マーケティングとマネジリアル・マーケティングをベースとした製品開発へのとめどない市場調査に対する挑戦・プランニングへの疑問が浮上し，「地域社会」という生活形成の基盤をいかに捉えるかという新しい観点を発想したのである[2]。

　その後，室井らは大広調査室『マーケティング・マップ』（1962年）を出版する。マーケティング・マップは，まず経営の基本的な対象は「人」であるという概念の下に，人々が生活し活動し，そして子孫を残してゆく自然条件を土台にして「市場」をクローズ・アップしたものである。市場という企業にとっての戦場そのものの条件，すなわち地勢，気候，水利，兵站条件，民情といったものを総括，整理したものとみてよい。市場は物だけで成り立っているのでは

ない。人々が生活している基盤の上で成立するものである。そこには歴史があり，因習があり，習俗がある。人々の住む市場を統計的に見ることは最も手近な理解の仕方であるという概念で，このマーケティング・マップにおいては日本全国を12ブロックに分けて分析を行っている[3]。

　「エリア」という用語がマーケティングに最初に提示されたのは1973年に高橋潤二郎が発表した「エリアル・マーケティング」村田昭治編『現代マーケティング論』の中である。高橋はエリアル・バリエーション（域差）を考察する必要性を経済学，地理学の観点から説いた[4]。経済学においては経済地理学という領域があり地理学的視点の重要性は認識されていたが，高橋はさらに地域の差異ということに着目し，企業活動を行う上でもはや域差を前提としなくては市場対応が硬直化するということを示唆した。

　これ以降，高橋，牛窪一省，加藤智紀などがエリア・マーケティングの論文を発表する。高橋はエリア・マーケティングの概念を生産の場や，つながり（流通や情報の観点からの）から論じ[5]，室井，米田清紀は消費や市場の観点から理論構築及び戦略実践を展開した。一般的にエリア・マーケティングが理論化されその存在が認められ始めたのは1970年代後半である。1970年代後半の日本とは，オイルショックなどで成長期の見直しがなされ始めた時期であった。

　エリア・マーケティングは日本で創出された日本独自のマーケティングの考え方である。エリア・マーケティングの発祥は，単に消費財メーカーがさらに売上げを上げるための戦略として考え出されたのではなく，以下の他の2点からの提唱もなされたため，わが国では必要性が生じたものである。一つは日本には地域によって地域差というものが実態として存在している，それに対応していかなければ今後のマーケティング活動は機能していかないという点，二つには企業は社会的な組織として地域に密着し消費者ニーズに呼応した活動をしなければならない，それが企業としての社会的責任であり企業のあるべき姿である[6]，という点である。

第2節　エリア・マーケティングの展開

　1970年代後半以降のエリア・マーケティングは，上述した論者の中でも特に米田，室井を中心として市場や消費の面から理論が体系化されていく。エリア・マーケティングの展開を俯瞰していくにあたり，この2名の主な著書から理論を整理することによって現在までの理論の流れが把握できることから，両者の理論の変遷を整理する。

1　米田清紀の理論の流れ

　米田は1977年の『エリア・マーケティング』においてエリア・マーケティング理論の最初の体系化を試み，以下のように論じている。消費者，流通者，メーカーのそれぞれに納得のいく利益があってこそ望ましい市場の姿が出来るのである[7]。高度経済成長時代から安定経済成長への転換が行われている日本の市場を鑑み，それへの適切な対応を図るには「地域」という視点できめ細かく市場対応していかなくてはならない。経済成長の変化に伴う環境変化に対応するために消費者，流通者，メーカーのすべてが方向を変換させる必要がある。

　米田が後に展開するメーカー中心の視点のエリア・マーケティングとは，この時点においては若干の理論視座の違いがあるが，成熟化した市場への新たなるマーケティング理論の必要性を「地域」という着眼点で述べている。

　1981年には『エリア・マーケティング戦略』の中で規模中心の拡大主義から，質の追及による市場創造主義への転換を迫られていると論ずる。それゆえに企業は戦略的に市場対応し，「競争」に打ち勝つことが必要になる[8]。競争に勝つという競争戦略の1つとしてエリア区分，そしてエリア対応というきめの細かい市場対応が必要になる。

　また，ここで特に主張されているのが「マーケティング・セグメンテーション」とエリア・マーケティングの違いである。これ以前から理論構築がなされてきたセグメンテーション理論の1つにエリア・マーケティングがすぎないのではないか，という問いに対して，マーケティング・セグメンテーションとは

以下のように異なると述べる。①エリアで分類される市場は，全体の中の部分というだけでなく，そのなかにマーケティングのすべての要因を同時に含んでいる。②エリアを環境として見るならばエリアのなかに企業自身も，また流通チャネルも，消費者とともに同次元で存在することが出来る[9]。つまり，①は日本市場を全体としてとらえ，全体の細部として1つのエリアをみるのではなく，エリアという区分の一つひとつを全体としてみることになり，②は本社という外からの視点での戦略ではなく，エリアの中に企業自身（具体的には支店や営業所など）が存在しなくてはならず，中から発するという視点を持つという解釈である。

　1986年の『エリア・マーケティング・マネジメント』では，エリア・マーケティング理論をさらに精緻化することよりも，マネジメントから，組織の仕組み，マーケティング・マネジメント計画，マーケティング・ミックス戦略について詳述し，企業へのより実践に向けての提案を行う[10]。

　1996年には理論構築を進めるということよりもさらなる企業への実践を提唱した[11]。エリア・マネジメントの強化をうたい，エリア・マーケティング戦略を実践したがあまり機能しなかった企業に対して，企業内外での仕組み作りを論じる。計画と実行における理論をベースにおきながらそれを実践していくためにはどのようなシステムが必要なのかを，情報・データベース，支店の役割，営業の管理面，グローバル化などの点から示している。

　1999年には，エリア・マーケティングの目的は以下のことであると論じる[12]。①個の市場獲得への戦略を作る。②競争に勝つマーケティング・システムを強化する。③市場リスクの分散を行う。④顧客との新しい関係性を再構築する。⑤営業の革新を実現する。⑥市場側での利益管理を進める。

　米田はさまざまな企業のマーケティング実践活動に携わることになり，主に日本全国を対象市場としているメーカーの観点を中心として，エリア・マーケティングを理論づける。大都市に存在する，規模の大きい企業がマーケティングを行ううえで，地域という観点に重きをおき，マス・マーケティングから脱却し，「個」の市場を設定しきめ細かく顧客に対応するためにはどのようにす

るべきかを，情報収集（8つの地域差をとらえ統計処理していく），情報の分析方法（一次データ処理，各種分析法），エリア・マーケティング実行への順序と仕組み（市場研究→問題発見→戦略立案→市場実行→組織行動管理），会社のシステムづくり（本社と支店・営業所との関係），営業の戦略など，の観点から論を立てる。

　その後3冊の共著を出しているが，いずれも個のマーケティングを追求する「営業」[13]に論点を当て，いかに商品・サービスを販売していくか，そしていかに競争に勝っていくかに中心をおき，論を進める。

　以上，米田の理論を主な著書から見てきたが，初期には新しく誕生したエリア・マーケティングを理論化することを自らの課題としている。その後，1986年の著書以降は実際に企業が導入することへの手引きをマーケティング戦略，支店・営業戦略，戦略マネジメントということを中心にして，マーケティング主体を大手消費財メーカーとして論を展開している。理論の構築を試みたあとは，いかにそれを企業が実践していくかへの応用に主軸をおき，企業の戦略策定を中心にエリア・マーケティングを浸透させてきたことは，エリア・マーケティングの理論と実践の架け橋という点で意味が大きい。

　米田はエリア・マーケティングを以下のように定義づける。

　米田の定義：「企業がエリアを直接的な環境ととらえ，エリア間に存在するマーケティング上の各種の差異（areal variation）を明らかにし，それぞれのエリアに個別に最適のマーケティング戦略を展開するための調査，計画，実行・チェックのしくみをつくり，企業全体の目的と目標を達成していく市場管理プロセスである。同時に，個々の顧客の満足を想像していくために，市場に限りなく近づいていく個のマーケティング・プロセスと，それを実行可能にする企業体制と利益を創造していく個のマネジメント・プロセスである[14]。」米田はシェア・アップと競争戦略を主論点におく。

2　室井鐵衛の理論の流れ

　エリア・マーケティングのもう1人の主要論者の室井は，米田と出発点は同じく，「地域」という切り口をビジネスに入れていかなくてはならないという

思考であり，共著[15]などを出しているが，その後の展開においては方向性が異なっている。1950年代から1960年代にかけて地域における差異をマーケティング上に実感していた室井は，1962年に『マーケティング・マップ』[16]を出版した。1969年に出版された『都市化する日本列島』[17]において，室井は当時急速に都市化が進んでいた日本について，都市化とマーケティングの関係，都市と農村の市場特性，メガロポリスと消費者市場圏，都市時代のマーケティングという観点から論を進めている。この時代には都市化ということが非常に急テンポで進み，農村との比較論が盛んに行われたためである。都市化と消費の問題を地理学的にそして経済学的に統計的に分析し，新しい消費構造における地域の重要性を挙げている。

　日本の商圏分析を行った著書は3冊出版されている。『日本の商圏（1971)』[18]，『新・日本の商圏（1976)』[19]，『新版　日本の商圏（1989)』[20]であり，商圏の配置を1971年には71商圏，1976年には105商圏，1989年には70商圏としている。交通条件，流通環境，居住環境の変化の経験的分析により日本の地域市場の区分が各時代で設定されてきた[21]。マーケティング環境が技術的に影響されるとはいっても，消費者の日常生活の基盤は地域から離れることが不可能であり，ハイテクノロジーと，消費者の日常生活とは，地域をベースに新しい関係をつくり出すことになる[22]，と論じ，家計調査年報など各種統計資料を基に商圏分析を行った。この「商圏分析」は室井のエリア・マーケティングの基盤をなすもので，誰がどこに住み，何を買い，使い，どういう生活をしているかを把握すること[23]に研究の焦点を当てている。

　1982年にはマーケティング理論だけではなく，商業学とは経済学とどのように異なり，それがマーケティングにどのような影響を与えているのかの分析を行っている。「商業」とは具体的な商品の流通を背景にして，生産と消費の中間に介在する経済的諸機能と，その制度を対象として研究するものであり[24]それがマーケティングに強く関わってくることになる。またエリア・マーケティングにおける地域の発想は人々の生活，歴史，日常というキーワードによって浮かび上がり，それが基盤になっていく，と説いている。

　室井は1983年の『エリア・マーケティング』の中で，「市場地域における現実的事象にあわせて地理学的にあきらかにされた地域市場形成の諸法則の適用に基づく商圏理論の導入を試みることによって，市場地域区分の客観性と，市場において受容される企業独自のマーケティングの主体性の効果が求められるのである。これをエリア・マーケティングと位置づけるものである。」としエリア・マーケティングという用語を自分の著書名の中では初めて用い，この理論の体系化を行った。商圏の理論をマーケティングと適合・融合させ，エリア・マーケティングの有効性を論じた[25]。

　1985年においては市場のパイの大きさがほぼ限界になっており，その中で新しい市場や新しい需要を作り出すことを迫られていた。市場は常に変化しており，その変化が，市場の美化への推移でなければならない。消費者は物を買うことから，自分の生活を創ることに変わってきた，買う行動を選んでいる[26]。室井理論の根源に流れている，「消費者が自分の日常生活を熟慮しながら消費生活を創造していき，それを企業は支えながら自らの方向性も定めていかなくてはならない」，という企業主体の視点よりもむしろ消費者の日常を企業がどうとらえていくのかという関係論的な理論展開が始まる。

　室井のマーケティング論は「人間が生きる」ということを基本的に考える重要性を常に提唱しているが，1991年に発表した「エリア・マーケティングの新展開」の論文では，それをことさら強調している。企業が社会的責任を持つということは人々の生き方に関わることになり，社会観的かつ人生観的な思想というかたちでの革新があるのではないか。エリア・マーケティングというのは競争論理とか需要創造とか，社会性というのではなく，マーケティング・マップが定量化されたことによって違った面が出てきたのではないか。この点でいわゆる生活史というものがもう一度マーケティングの中で研究されなければならない段階になっている[27]。

　1992年の論文において，マーケティングは根本的に変わりつつあるとし，ビッグ・マーケティングに対して地域生産，地域流通を主動とする中小分散的・質志向的なマーケティング，オルターナティブ・マーケティングが新しく

出てきていると述べている[28]。ここにおいて地域内での循環ということにも目を向けていることがわかる。

室井はエリア・マーケティングを以下のように定義づける。

室井鐵衞の定義：「エリア・マーケティングは，消費者の生活行動空間の基盤としての地域を，市場理解の前提として，消費者のライフ・システムと，その生活ニーズに対応して，企業の対市場活動の効果を創造し，維持し，変化させるマーケティングといえる。個々の製品をいかに市場で消化，還元するかではなく，消費者の生活行動全体の中に，生活ニーズに対応する需要創造への機会をつくり出すものである[29]。」室井は，地域と企業とに新たなる社会関係を作り出し[30]，消費者の生活行動空間を思考する重要性を主論点としている。

3　米田，室井およびその後の流れ

米田，室井，両名は以上の流れで進んできた。河内良彰は第1期，第2期，それ以降として流れを以下のようにまとめている。

第1期（1980年前後）に論陣を張ったのが室井鐵衞，米田清紀，牛窪一省らであった。室井鐵衞はその新しいコンセプトをまず評価し，従来の市場細分化戦略が製品中心の考え方に基づいているため，消費者サイドに重点を置く市場環境の新たな認識が求められることを主張し，消費者理解を深めるための商圏分析の道を拓いた。他方で，米田清紀は成熟期における多様化に対応できる競争を意識したマーケティング論の構築を目指し，戦略論の検討へ力点を移した。

第2期（1990年以降）は営業戦略に主眼をおいたアプローチが登場しエリア・マーケティングの具体的な実践をより深化させた。理念先行型から実際的効果重視型への変化が見て取れるようになった。

2000年以降はさまざまな研究者がエリア・マーケティング研究を行っているが，大別すると2つの流れがある。①従来のマーケティングと異なる概念特性を中心に論じた研究と，②実用化に向けて統計データを用いた地域分析に関する研究である[31]。

第3節　エリア・マーケティングの3つの方向性

　エリア・マーケティングは，地域を舞台として認識し，その中で社会，企業，消費者，それぞれが有機的な関わりをもちながら互いにメリットを求めながら行動を行うことを基本とする（図表1－1[32]）。企業はその全体像を把握しながら自社のマーケティング戦略体系を構築しなくてはならない。

図表1－1　エリア・マーケティングの概念

　　出所：岩田貴子（2004）「エリア・マーケティング再注目の背景」『宣伝会議
　　　　　2004年10月号』，p.18。

　エリア・マーケティングは上記の考え方を基本としながら，地域に生活する人々や組織の視点で経済および社会，日常性を考察しようとするもので，地域を企業・社会・消費者の「場」と捉え，それに基づく理論を構築する目的と意義が常に論議されている。

　エリア・マーケティングは2節で述べたように米田，室井の理論を中心に2000年頃まで，主には3つのアプローチで進められてきた。1つは「ナショナルから地域へ（これは主に米田・室井，特に米田の後期の理論を中心とする）」，2つは「地域からナショナルへ（これは主に室井理論を中心とする）」である。そして3つめは，「地域の中に深く入る（主に流通業で）」で，これは米田及び室井の両者とも1970年代から1980年代にかけて商圏の問題として触れてきていたが，近年，流通業の地域対応が経営戦略全体としてさらに必要になってきており，実際の企業で盛んに取り入れられているものである。

1　ナショナルから地域へ

〔都市部に本社機能を持つ企業が，マーケティングを全国統一のもので計画実行するのではなく，個別地域に対応させるマーケティング活動を行う。〕（図表1－2[33]）

　高度成長期までは都市部に本社をおく企業は，本社で考えたマーケティング戦略を統一化された方法で，マーケットの大きさに多少合わせさえすれば，同じ戦略の実行でかなりの効果を上げることができた。しかし，マーケットが飽和化し日本全国を同一のマーケティング手法で行っていくことに限界が生じ，そのようなやり方では売上げ，利益，マーケティング効果を上げることが困難になった。そこで経済的特性（市場特性，消費者特性，競争企業の特性及び競争状

図表1－2　ナショナルから地域へ

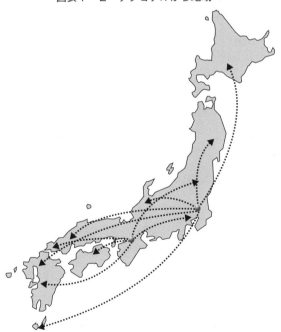

出所：岩田貴子（2004）「エリア・マーケティング再注目の背景」『宣伝会議2004年10月号』，p.19。

況など），自然的特性，歴史的特性，文化的特性などによって地域の状況を把握し判断し，それに的確に合うような個別地域へ向けてのきめの細かいマーケティング戦略を生み出すことが必要になる。それを個別のマーケティング・マネジメントによって市場性を高め，全体の利益増，シェア・アップにつなげていくのである[34]。

　このアプローチはステップ１．調査・分析，ステップ２．計画・戦略，ステップ３．実行という段階を踏んでいくが，主に統計データを用いて地域分析をすることが必要となる。

　大手消費財メーカーでは，４Ｐ（製品戦略，価格戦略，流通戦略，コミュニケーション戦略）を総合的に，あるいは４Ｐの一部分でエリア・マーケティング戦略が行われることが浸透してきており，その他の企業でも取り組みが増加してきている。

2　地域からナショナルへ

〔地方に存在する企業が自分たちの地域の価値を最大限活かし，その価値を高め全国的にブランド化し，市場を拡大していく。〕（図表１−３[35]）

　地方に基盤をおく企業には，各土地の価値を十分に高めながらのマーケティング活動が重要な課題になる。その土地でしか採れない産品，その土地の地の利を生かした生産方法，その土地の歴史的産物，その土地の文化的背景・自然的条件がなければ存在しない商品など，それぞれの地域の価値を商品化したものを，マーケティング手法を生かしながらどのように市場機会を広げていくかということを検討しなければならない。各地域が東京や大阪などの大都市で生産され全国販売されているものと同じようなモノ，あるいは同じようなマーケティング戦略で競争する必要性はなく，自分たちの得意とするものを大いに伸ばして差異化を図り，お互いに補完の関係を作り出さなくてはならないということである。それにはまず，地元の消費者に受け入れてもらい，愛顧者になっていただき，根強い地盤を築くことが必要になる[36]。

図表1－3　地域からナショナルへ

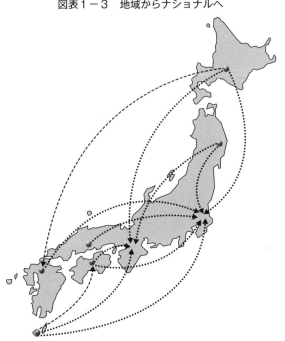

出所：岩田貴子（2004）「エリア・マーケティング再注目の背景」『宣伝会議
　　　2004年10月号』，p.20。

　筆者はこの事例として地ビール[37]，輪島塗[38]，温泉[39]などを取り上げてき
たが，最近のケースでインターネットを利用したものを挙げておく。これは地
域の資産価値を，インターネットを使用し，消費者と企業，双方の便利性を高
めている点から新しい形式を提示しているものである。

事例【オイシックス】（インターネットを使用した地域の物産の販売）

　インターネットが日本の一般家庭に普及してからさまざまなカテゴリーで地
方の物産をネット上で取り引きするケースが出てきている。各社が競ってホー
ムページを開設し情報を発信しているが，魅力のあるホームページ，そして魅
力のある商品でないとなかなか消費者がアクセスしないようである。過当競争
が続いており，マーケティングに本当に実力のある企業を消費者は選別してい

る。

　「オイシックス」は，生鮮食品の中でも特に有機野菜など農家のこだわり産品をインターネット上で売買するサイトである。2000年に設立され，ターゲットはパソコンを持つ20〜30代の主婦及び会社員で，価格は高くとも高品質のモノが欲しい消費者に人気が出ている。1つ450円のレタス，1個60円の卵など価格はかなり高めの商品が並んでいる。今までの有機野菜通信販売のサイトと異なるのはきめの細かいサービスである。一つにはセットで販売せずに消費者の個々の注文に応じるシステムを作った点がある。これは都会に多い，少人数の世帯に喜ばれている。二つ目にはホームページ上に旬のものやそのときどきのお薦めの商品を掲載していることである。これによって消費者はよりタイムリーな買物ができる。三つ目には顧客同士の情報交換が可能だということである。買物に参加する者同士，あれは美味しかったとか価格に見合わなかったなどの意見交換をして，次の購入の参考にできる。四つ目には生産者に顧客の声を届け，生産者はその返事をして，お互いの情報をやり取りできるという点である。五つ目は「あの商品が売っていない……そんなときはこちら」として，販売を終了または休止，次回販売予定の商品についての案内を随時出し，顧客になるべく購入の予定について不便をかけないようにしている。図表1 − 4[40]のように従来のサイトにはない特色を活かして双方のメリットを上手に向上させている。

　このアプローチでは近年さらに，地域活性化をマーケティングで整理を試みる研究や取り組みが増加しており，そのコンセプトづくりでエリア・マーケティングの概念を基盤として戦略を立てることが試されている。筆者は近年，世界遺産，農泊，地産地消などの研究を行ってきているが，エリア・マーケティングおよび地域活性化論との融合が待たれる[41]。

図表1－4　オイシックスの特徴

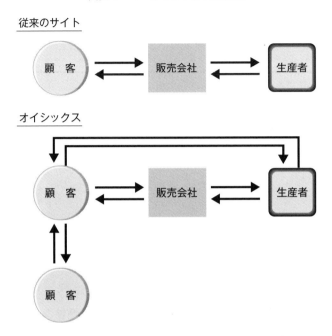

出所：岩田貴子（2004）「エリア・マーケティング再注目の背景」『宣伝会議
　　　2004年10月号』，p.21。

3　地域の中に深く入る

〔地元に根づいた企業（特に流通業）がその地元で営業を行っていく際に地域
の消費者に合わせたマーケティングや営業活動を行っていく。〕

　流通業のエリア・マーケティングは近年，大きな動きを見せている。大規模
小売店（イトーヨーカ堂やセブン－イレブン・ジャパン）などが積極的に取り組ん
でおり，戦略対応の高まりが1つの大きな潮流になっている。

　これには製品戦略がかなり大きなウエイトを占める。製品計画，マーチャン
ダイジングを各地域に合わせてきめの細かい対応をしていかないと，利益は確
実には上がらなくなってきている。例えば，コンビニエンス・ストアでは，お

にぎりの具と数量の日にちごとの仕入れ，食品スーパーのお惣菜の味付け及び価格と量の設定，総合スーパーの催事の日程とそれに合わせた売り場の構成など，情報を細かく収集しながら月ごと，週単位，曜日別，そして売り場別及び店舗全体の意思疎通を図りながらのマーケティングが計画・実行されなくてはならない。

　以上のような3方向でエリア・マーケティングは現在体系化が整理されており，それを踏まえて筆者は以下のような定義を提示する。

　エリア・マーケティングとは「地域（area：エリア）」を思考の核とするマーケティングの考え方である。消費者の生活基盤である「地域」を基本に置き，地域の環境条件と価値を把握・吟味し，それぞれの地域の経済的，自然的，歴史的，文化的多様性を考慮したあらゆるマーケティング活動である。

第4節　エリア・マーケティングの新しい動き

　エリア・マーケティングで取り扱われる領域は，現在ではさらに以下のような動きが新しく登場している。それはマーケティングにおける外部環境，内部環境の変化がエリア・マーケティングにその解決の糸口を見つけ出そうとしている動きの一環でもあり，それぞれの理論の精緻化が求められている。

1　地産地消

　地産地消とは「地域生産，地域消費」の略語である。地域で産出されるものを地域で消費するという意味で，主に農業において用いられてきた用語である。昭和中期頃までは，農業は地域で産物が循環しており，よそから流入することやよそへ流出することはまれであった。工業・商業が発達し大量に生産されたものが大量に流通する仕組みができあがると，それが農業にも影響を与え農業は地域や国を越えて物資の移動が行われるようになる。生産者の顔が見えない流通は農薬の大量使用，不当表示，保存料の多用，農地のかたより，過疎など

の問題を引き起こしてきた。これによって消費者は生産者への信頼をなくすことになる。

　農産物に限らず，生産された商品は生産者と消費者とのお互いの信頼の上に取引が成り立ち，消費への喜びにつながるのである。地産地消は，どのような商品をどう生産するのか，どのようにそれを流通させ消費するのか，そしてそれを最終的に環境を汚染させることなく廃棄するのかという問題を投げかけ，地域内でのモノの循環率アップをうながすことにつながる。地産地消は農産物だけではなく，あらゆる商品・サービスでの検討が関連してくる。さらに言えば，地産地消とあわせて「地遊」を１つの提案としておきたい。英国などでは地域で遊ぶということが盛んになされており，国もそれを支援している。これからは地域の遊ぶ資産価値を大いに活かすことが必要になるであろう。

2　ブランド論との融合

　現在，ブランド戦略を地域と融合させ，地域ブランド論が盛んに議論されている。地域ブランドとは地域名と商品（サービス）名が組み合わされた，長崎カステラ，黒川温泉のようなものでそれを商品名として登録することができるものである。地域団体商標制度が2006年から開始されたのもきっかけとなり，現在各地でさまざまな商標名が登録申請されつつある。

　商標制度は新しく制度として認められたものであるが，地域名に商品名などが組み合わされたものは以前から存在した。それが何故現在，注目を浴びているのかは，ブランドによって消費者への認知が容易になり，さらにそれによってさらなる価値が付いてくるという生産者および地域行政などの受け止め方にあると思われる。

　しかし，単にブランドが認められたからといってそれが当該商品の売り上げなどに大きな影響を与えるのか，というとそのような単純なものではなく，一つには緻密に練られた戦略と地域の人々を巻き込んだ活気と瞬発力と持続力が伴わなければ成功には結びつかない。また二つには「地域」ブランドは短命であってはならない。少なくとも100年，３世代以上にわたった「ロングセラー」

でなくてはならず，フィーバーしたのちに消えていっては意味がない[42]。そればかりか逆にマイナスのイメージを誘引してしまうことにもなる。文化とマーケティングの観点，文化的形成からの位置づけ，自然と生業，などの観点からも検討が必要である。

3　エリア・マーケティングの担い手，システム

　河内良彰は地域経済や地域活性化からの視点を基盤にし，以下の指摘を行っている[43]。「広義のエリア・マーケティング論では，往々にして担い手が明らかでない。研究各論の充填と地域活性化の本論の設計とともに，実地においては日本の盛衰の当事者の不断の輩出と選択，地域の計画と実践の歩みが望まれる。」

　これは今後，エリア・マーケティング戦略を考えるうえで，どこを出発点として，誰がリーダーシップを取り，さらに誰を巻き込んでいくのかの設計図を考えるのに重要である。企業ばかりが中心軸になるとはいえない中で，誰がいかにマーケティング概念をとらえ，どのように戦略に落とし込んでくるのかが問われてきている。

　また，宮副謙司，佐伯悠，藤井祐剛はGHIL分析を提唱し地域活性化への戦略構想策定にはPhase 1地域価値の創造，Phase 2戦略構想，の大きな2段階が必要であり，主にPhase 1は今までエリア・マーケティングにあまり問われていなかった分野として，システム的に取り組むべきと提示している[44]。

第5節　今後の諸課題

　以上，新しい動きを述べてきたが，エリア・マーケティングにおいて取り扱わなくてはならないさまざまな課題も挙げられている。①高齢化社会とエリア・マーケティング：徒歩生活圏における商業者と社会と高齢者を含む住民との相互関係をより密接にしなくてはならない。これには地域に根ざした商店街の再活性化策などがあげられる。②地方の物産のインターネット販売：コロナ

禍で，さらにこの傾向は進んでいる。事例で示したように，地に足がついた感覚で消費者への商品の提供を行っているウェブサイトなどを消費者は選別している。③文化・歴史性を背景にした本物志向の商品：消費者のニーズに誠実に対応する商品づくりの再検討である。単にブランドを冠するのみでは消費者はその商品をじっくり育てていかない。持続性と地域価値の絶え間ない研究が必要になる。④環境対応：企業は地域に密着して環境を把握し，環境保全を図りながら消費者ニーズに呼応した活動をすることが必然になってきている。環境マーケティングとの関係を問わなくてはならない。

　インターネットによって大都市の情報の意味が薄れつつあり，また新幹線も以前ほどの経済的な意味をなさなくなってきている。そのような状況下で地域の資産価値や自然価値を求める日本人の感覚はさらに深く大きくなっている。「地域」の視点は生産者，流通業者，消費者のすべての領域において考慮せずには論が進まない。

　特に日本においては，地域は土地と混同し，地価と地代としてのみ企業経営の対象となった。過去百数十年（明治以降），地域を生活形成の要素として，生産活動や，販売計画や，市場開発と共に経営戦略の中に組み込むことを見過ごしてきた[45]。

　以上のような点を考慮しながらエリア・マーケティングは新たなアプローチで理論構築をする段階へ入っている。エリア・マーケティングは提唱されてから半世紀のマーケティング理論ではあるが，経済的・社会的環境の変化によって理論も変動することが不可欠であり，理論と実践の両面からの研究がさらに求められてきている。

〔注〕
1)　1950年代後半には，すでにアメリカにおいては消費者の欲求に見合った製品を作って販売するといった消費者志向的なマーケティングが展開されていて，日本でも消費者ニーズに関する情報収集を行い，それを分析して意思決定者に提供するというマーケティング調査が盛んに行われていた（塩田静雄『マーケティング調査と分析』税務経理協会，2006，p.7）。マーケティングとマーケティング調査に関する時代的

背景は塩田の第1章に詳しい。

2)　室井鐵衛『マーケティング事始め』室井鐵衛先生米寿記念出版，2006.

3)　大広調査室『マーケティング・マップ』ダイヤモンド社，1962，pp.4-5.

4)　高橋潤二郎「エリアル・マーケティング」村田昭治編『現代マーケティング論』有斐閣，1973，pp.351-373.

　　この後，高橋はエリアルをエリアに名称変更し，エリア・マーケティングという用語を使用している。高橋はエリア・マーケティングを以下のように定義づけしている。「エリアルなヴァリエーションを考慮して全マーケティング活動を展開すること。」

5)　高橋潤二郎「都市座」『中央公論経営問題，15(3)』中央公論新社，1976，pp.198-221.

　　高橋は都市をマーケティングからながめる場合，点と面が重要といわれてきたが，それに対して「線」という，都市の配置のつながりや相互関係で検討することが必要と説いている。

6)　流通政策研究所『エリア・マーケティングにおける概念の体系化とそのあり方に関する研究調査報告書』流通政策研究所，1992，p.5.

7)　米田清紀『エリア・マーケティング』ダイヤモンド社，1977，p.24.

8)　米田清紀『エリア・マーケティング戦略』ダイヤモンド社，1981，p.4，7.

9)　米田清紀，8)と同じ，pp.63-64.

　　マーケティング・セグメンテーションとの違いについてはp.41，59-67，107，108にも説明がなされている。

10)　米田清紀『エリア・マーケティング・マネジメント』ダイヤモンド社，1986.

11)　米田清紀『実践　エリア・マーケティング』日本経済新聞社，1996.

12)　米田清紀『エリア・マーケティングの実際　新版』日本経済新聞社，1999，pp.20-26.

13)　3冊の共著は以下のものである。

　　伊藤泰敬・高橋弘・米田清紀『五つの能力を持つ勝つ営業力のつくりかた』プレジデント社，1998.

　　高橋弘・米田清紀・伊藤泰敬『利益を創造する最強営業はこうしてつくる』プレジデント社，1999.

　　米田清紀・伊藤泰敬・高橋弘『「営業ミドル」が会社を変える』プレジデント社，2000.

　　ここでは営業には5つの能力が必要であると論じている。5つとは以下の能力のことである。①情報活用力，②意思決定力，③商品育成力，④利益創出力，⑤関係性創造力。(高橋弘・米田清紀・伊藤泰敬『利益を創造する最強営業はこうしてつくる』プレジデント社，1999，pp.18-22)

14)　米田清紀『エリア・マーケティングの実際　新版』日本経済新聞社，1999，p.33.

15)　室井鐵衛・米田清紀『市場再開発の技術』ダイヤモンド社，1974.

　　室井鐵衛・米田清紀『利益を生む地域市場戦略』ダイヤモンド社，1978.

室井鐵衛・米田清紀『商圏立地戦略』ビジネス社，1978.

16) 3) と同じ.

17) 室井鐵衛『都市化する日本列島』誠文堂新光社，1969.

18) 室井鐵衛『日本の商圏』ダイヤモンド社，1971.

19) 室井鐵衛『新・日本の商圏』ダイヤモンド社，1976.

20) 室井鐵衛『新版　日本の商圏』ダイヤモンド社，1989.

21) 20) と同じ，p.6.

22) 20) と同じ，p.4.

23) 19) と同じ，p.ⅱ.

24) 室井鐵衛『商業体制の理論』税務経理協会，1982，pp.120－121.

25) 室井鐵衛『エリア・マーケティング』中央経済社，1983，まえがき p.3.

26) 室井鐵衛『行動空間へのマーケティング』誠文堂新光社，1985，まえがき p.1，3.

27) 井関利明・室井鐵衛・上原征彦・亀井明宏「エリア・マーケティングの新展開」井関利明・室井鐵衛編著『生活起点発想とマーケティング革新』国元書房，1991，p.239，243.

28) 室井鐵衛「市場活動の原点としての地域と，マーケティング」室井鐵衛編著『地域とマーケティング』国元書房，1992，p.8.

29) 26) と同じ，pp.158－159.

30) 6) と同じ，p.5.この文献ではエリア・マーケティングの主要論者5名（室井鐵衛，米田清紀，高橋潤二郎，牛窪一省，加藤智紀）をあげ，それぞれについて研究の必要性，定義，目的，エリア区分，主体，活動を整理している.

31) 河内良彰「地域活性化に向けたエリア・マーケティングの射程（上）」『佛教大学社会学部論集』第69号，2019，pp.24－25.
　　　土橋明は②の領域の論文「既存のエリア・マーケティングに対する問題点の一検討：社会指標値（PLI）と実態調査の比較分析」『北海学園大学経営論集』，7(2)：2009，pp.87－98.で以下を示した.そこにおいて従来のエリア・マーケティングに活用している社会指標データだけでは，社会環境や住民意識が変化している現代社会では十分でないと考えられ，今後のエリア・マーケティングは社会指標値（量的データ）だけでは無く，実態調査（質的データ）結果も考慮する必要がある.

32) 岩田貴子「エリア・マーケティング再注目の背景」『宣伝会議』2004年10月号，p.18.

33) 32) と同じ，p.19.

34) 米田清紀「エリア・マーケティング」久保村隆祐・荒川祐吉監修『最新商学辞典』同文館，1995，p.19.

35) 32) と同じ，p.20.

36) 岩田貴子『エリア・マーケティング　アーキテクチャー』税務経理協会，2011，pp.27－28.

37) 岩田貴子「新市場開発の位置づけとしての地ビール開発とマーケティング戦略の一考察」『白鷗大学論集』第12巻第1号，白鷗大学経営学部，1997，pp.115－158.

38)　岩田貴子「輪島塗産業のマーケティング的課題の新視点について」『中京商学論叢』第44巻第1・2号，中京大学商学会，1998, pp. 131-172.

39)　岩田貴子「マーケティングにおける自然価値への対応の一考察―温泉資源へのマーケティング・アプローチ―（上）」『商学集志』第70巻4号，日本大学商学部，2001, pp. 25-37.
　　岩田貴子「マーケティングにおける自然価値への対応の一考察―温泉資源へのマーケティング・アプローチ―（下）」『商学集志』第71巻第1号，日本大学商学部，2001, pp. 13-32.

40)　32) と同じ，p. 21.

41)　この研究には以下のものなどがある。
　　白石秀壽・小野晃典「アグリ×エリア・マーケティング―大江ノ郷自然牧場による六次産業化の挑戦―」『マーケティングジャーナル Vol. 39 No2』2019, pp. 68-80.
　　河内良彰「地域活性化に向けたエリア・マーケティングの射程（上）」『佛教大学社会学部論集』第68号，2019, pp. 19-42.
　　河内良彰「地域活性化に向けたエリア・マーケティングの射程（下）」『佛教大学社会学部論集』第69号，2019, pp. 33-56.

42)　及川孝信「新しい時代に向けた地域産業マーケティング」関満博・及川孝信編『地域ブランドと産業振興』新評論，2006, p. 229.

43)　河内良彰「地域活性化に向けたエリア・マーケティングの射程（下）」『佛教大学社会学部論集』第69号，2019, pp. 51-52.

44)　宮副謙司・佐伯悠・藤井裕剛「GHILフレーム地域価値の創造に向けた地域資源の着眼・編集の方法論」『日本マーケティング学会ワーキングペーパー Vol. 3 No. 17』2017, p. 5.

45)　自然塾編著『室井鐵衛　マーケティングの本質』クリエー出版，2014, p. 215.

　この章は，拙稿「エリア・マーケティングとは何ですか」，「地方の物産をインターネットで販売している状況はどのようなものですか」根田正樹・金井重彦・小野克明編著『インターネット商取引ハンドブック』弘文堂，2002, pp. 32-35，拙稿「地産地消」丹下博文編『地球環境辞典』中央経済社，2003, p. 143，拙稿「エリア・マーケティング再注目の背景」『宣伝会議』2004年10月号，pp. 18-21，拙稿「エリア・マーケティング理論の再考と新展開」『エリア・マーケティング　アーキテクチャー（増補版）』税務経理協会，2017, pp. 17-35. をもとに加筆修正したものである。

第 II 部

地域の問題と
エリア・マーケティング

地域格差とエリア・マーケティング
―内発的発展論からの一試論―

第1節　地域格差とマーケティング

　わが国の国民生活は戦後から現在に至るまで，所得の上昇にもともない消費生活に対しての満足度は上昇してきた。しかしながら，経済成長の反面で次第に浮かび上がってきた事象は格差である。経済学では「消費」概念，「幸福」概念の再考がうながされ，消費者のとらえ方もさまざまに論じられている。

　マーケティングは格差に対してどのように関わるのか。マーケティングは現代の社会にいかに貢献することができるのか。この論では地域格差に焦点をあて，格差に対して前向きに取り組んでいる事例をあげ，経済格差と消費経済の動向から今後のよりよい消費生活を検討すべく，試論の提示を行う。

第2節　日本経済とマーケティング

　わが国の戦後の経済は，世界でも稀なる速さで大いなる成長をし，発展を遂げてきた。戦後からの奇跡的な立ち直りから国民総中流意識までの経済政策はある側面においては成功裡に進んだといってもよい。国民の生活は豊かになり消費生活に対しての満足度は上昇してきた。しかしながら，経済成長の反面で次第に浮かび上がってきた事象は格差の進行である。

　格差は，消費格差，賃金格差，労働格差，教育格差など，さまざまな観点からの課題が提示されはじめている。それほど問題の領域も深さも多様であるということが理解できる。そのような状況下でこの問題を検討することになったことは今後の日本経済を考えるうえで意義があろう。経済学において「消費」，「生活」の概念の再考がうながされ単に衣食が足りる，恒産を持てるようにする，までではない真の豊かさが問われ[1]，消費者の概念も狭義広義から論じられている[2]。

　今日，特に先進諸国と称せられる国々においては人間の作り出した商品やサービスであふれさらに格差が生じている。ここに改めて経済とは何か，生産とは何か，消費とは何かを問うことは人間生活の真の豊かさを考えるうえで重要である。今日において経済は昭和後期までのような右肩上がりの発展を前提としてはならない。現存するものを活かし，企業および生活者が地域社会とともに十分な物質を適切に消費しながらお互いに「足るを知る」いう対応が求められているのではないか。資源の枯渇，環境問題，持続可能な発展，グローバル社会における各国の関連性など，経済を取り巻く状況を再考して現存する価値をいかに極端な格差を生まない方向で対応させるのかが問われてきている。

　マーケティングの観点からは以下のような示唆ができる。新しい商品を次々と生み出し，それをあくまでも販売していこうとするマーケティングは，わが国にまだ中心命題として存在すべきであろうか？マーケティングは1900年代初頭，米国で生まれた概念である。当時の米国は広大な国土に物流網を駆使して経済性を高めていく必要があった。その後，日本にマーケティングが導入され，付加価値を発見し新しい商品を生み出し，市場に導入していくといった経済活動を展開しそれによって国の成長を支えてきた。マーケティングの論理は昭和30年にマーケティングが米国から導入されて以降，昭和後期にかけては確かに経済成長を軌道に乗せたものであった。しかし，この成長概念が現代の日本にまだ必要な考え方なのであろうか。

　現在の日本の経済社会に対して必要なものは何か。マーケティングは現代の社会にいかに貢献することができるのか。失われた20年などと揶揄されて現在

に至った日本の経済は何を求めこれから何をすべきなのか。そこへの答えの一つを提示することが本論の目的である。マーケティングは日本の特に高度成長期には企業の成長のために，あるいは企業の競争戦略のために大いに理論および実践で発展の基盤指針の一翼を担った論である。しかし，次第に利益追求を強調するマーケティングへの疑問も出始め，企業成長が消費者の幸せを損なうことにもつながっているのではないか，という批判の声が聞かれるようにもなった。現在の日本の企業において必要なものの一つはマーケティングの哲学であろう。

　昭和50年代に誕生したエリア・マーケティングは地域による違いをマーケティング戦略の中心核として論として進めてきた。地域ごとの視点によるマーケティング対応が存在すると認識され昭和52年に出発した。現在のアプローチは，①ナショナルから地域へ，②地域からナショナルへ，③地域への中へ深く，の３つのものがある3)。この論文はその中の特に②のアプローチでエリア・マーケティングと格差を検討する。エリア・マーケティングとは地域を観ることが基盤となるが，決して内向きな作業をしているわけではない。地域での価値をいかに外に向けて発信していくかである。

　②のアプローチは地方に基盤をおく企業や組織が主体となり，各土地の価値を十分に高めながらのマーケティング活動が重要な課題になる。その土地でしか採れない産品，その土地の地の利を生かした生産方法，その土地の歴史的産物，その土地の文化的背景・自然的条件がなければ存在しない商品など，それぞれの地域の価値を商品化したものを，マーケティング手法を生かしながらどのように市場機会を広げていくかということを検討しなければならない。各地域が東京や大阪などの大都市で生産され全国販売されているものと同じようなモノ，あるいは同じようなマーケティング戦略で競争する必要性はなく，自分たちの得意とするものを大いに伸ばして差異化を図り，お互いに補完の関係を作り出さなくてはならないということである。それにはまず，地元の消費者に受け入れてもらい，愛顧者になっていただき，根強い地盤を築くことが必要になる4)。

　エリア・マーケティングは企業の経営活動と地域という限定された環境と条件のうえで風土性と歴史性とによって培われた人びとの生活空間との統合化をはかり，地域特性を基盤としてマーケティング活動の効果と効率を追求するものである。その空間は，企業と消費者がそれぞれの利益思考に従って行動する空間であり，双方にとって適正の利益が約束されるような地域生活空間であり，地域市場空間である[5]。

　平成の時代に入り，内発的発展論[6]が経済的発展に対する新視点として認識されてきた。鶴見和子・川田侃は内発的発展論とは，「地域を単位にし，ところにより，人々の集団により，さまざまの方向と道筋を辿ろうとする。それぞれの地域の生態系に適合し，住民の生活の必要に応じ，地域の文化に根差し，住民の創意工夫によって住民が協力して発展の在り方や道筋を模索し創造していくべきである」と述べている[7]。内発的発展とは地域特有の価値をその地域の内なる力で押し上げて発展へつなげていくという論である。

　エリア・マーケティングの地域的意味合いは，①固有資産の活用，②地域間の相互依存効果のアップ，にある。他の地域との連帯性，社会・企業・消費者の相互依存関係に重点をおき地域を単位としているエリア・マーケティングと，文化的社会的発展の概念にもとづく内発的発展との論理的関連性の価値が改めて求められるものである[8]。

　以上述べてきた観点で今回は以下の1　大分県豊後高田市（商店街「昭和の町」プロジェクト），2　鹿児島県鹿児島市桜島（有限会社さくらじま旬彩館と鹿児島市の取り組み），3　兵庫県篠山市（街並みと産物），4　沖縄県宮古島市（宮古上布）の事例を取り上げる。地域格差をどのようにとらえるかもさまざまな観点があるが，今回の論では人口減少や特産品の売り上げ減少などの事象に直面した地域がいかにその状況を打破してきたのかという点で以下のケースを示す。これらの地域はさまざまな取り組みを行い，以前の停滞していた状況から前向きに地域の価値を活かそうとマーケティング戦略を地道に組み立てながら進んできた。地域価値を存分に活かし内なる力を，いかに基盤を固めながら外に向けて発信していくのか，格差への対応を検討し行動したケースである。

第３節　事　　例

以下取り上げる事例は，図表２－１に示した地域である。

1　大分県豊後高田市（商店街「昭和の町」プロジェクト）

(1)　地域背景

　大分県豊後高田市は大分市から車で１時間半，別府から１時間15分にある人口22,270人（令和４年１月末現在）の街である。老齢人口は37.1パーセントと高い[9]。

　商店街は市内の中心を流れる桂川によって二分され，西側に６商店街，東側に２商店街があり，それぞれが地域商業の核として栄えてきた。しかし，大型店の進出や過疎化による後継者不足，さらには加速する時代の潮流に乗り切れず，いずれの商店街も衰退の道をたどっていた[10]。それらの商店街が「昭和の町」というキーワードで観光客を呼び込むことに成功して町を再活性化させた事例として取り上げる。商店街の意味を再検討し，観光および商業の両立を目指すということで活性化を行い，昭和の町観光客数は図表２－２に示されるようになっている[11]。

(2)　現在までの経緯

①　第１段階：契機（平成４年）

　豊後高田は九州の一つの交通の要所であって，港から入ってきた商品をここから流通させる商業の街で，特に昭和30年代は商店街が非常に栄えていた。しかし，他の交通手段の整備が進み流通の拠点の意味合いが薄れたことに伴って徐々に衰退し，昭和40年ごろから「犬と猫しか歩いていない商店街」と揶揄されたほどにさびれた街になってしまい，さらに大型店進出などで衰退が加速された。

　そのような衰退が続いていたが，平成４年に商工会議所などが地元の問題点を洗い出し活性化構想を作ろうということになり，大手広告代理店に計画案およびコンサルタントを依頼する。その当時は空地だらけであったので，そこに文化センター，スポーツセンター，商業施設を作り，ハード構想を基盤にしな

図表2－1　この論で取り上げた地域

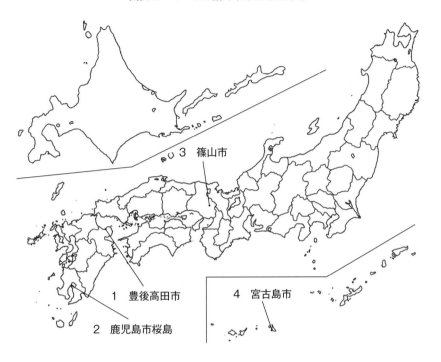

3　篠山市

1　豊後高田市

2　鹿児島市桜島

4　宮古島市

がら活性化を図るという案が提出された。これに対して商店街の人々から反対意見が出され，商店街，市役所，商工会議所の共同作業で活性化案再考が検討されるようになった。

② 第2段階：委員会の立ち上げ（平成5年から平成9年）

「商業まちづくり委員会」がメンバー20数名で発足した。コンサルタントのプランで推し進めようというグループと，それに反して都会を真似するのは止めたいというグループに分かれ，町の個性を探そうという活動が開始された。街の人が胸を張れる，そして外部の人々もその魅力に惹かれて来る，これが両立できなくてはいけないということで調査が始まったが，この調整に長時間かかることになる。

調査の過程においてはさまざまなものが発掘された。先ず取りかかったのが

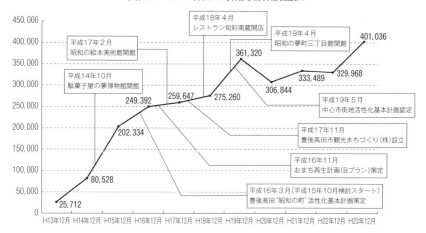

図表2-2 昭和の町観光客数調査表

出所：豊後高田市観光まちづくり（株），平成24年，p.19。

歴史の中からの特異性である。

「江戸時代からたどると，城下町（家康の孫が造成した）が挙がったが，これで他の城下町と差別化ができるのか？という疑問が生じ，明治時代，大正時代まで調査してみたがテーマが絞り切れない。そこで古いものだけが歴史なのではないということに視点を変え新しい切り口での活性化案が発案される。〈おまち〉（商店街に〈お〉をつけて呼んでいた住人の商店街に対しての尊敬の言葉）と賑わいを一つの核にする昭和の商店街の視点が始まった。」[12]

③ 第3段階：調査（平成10年から11年）

「昭和」をキーワードにしてリサーチを開始する。イオンのショッピングモールが近隣に出店され，いよいよ急がなくてはならないということになり，市長に直訴する。商業と観光の両立を目指す方向性を決め精緻な調査を行う。

④ 第4段階：「昭和の町」構想化（平成12年）

第3段階までのプランニングは少人数では何とかできるが，プロジェクト化は街の人々を多数巻き込んでいかないと実現しない。地元の仲間のつながり（高校の友人などの仲間の輪など），さまざまな輪を連結させ「昭和の町」商店街

の取り組みが平成13年9月10日にスタートとなり，平成14年10月にロマン蔵などの施設開館，平成15年には「昭和の町」が一大ブームになる。

「さらに平成17年11月に豊後高田市観光まちづくり株式会社を設立して，地域観光の振興に寄与する観光事業について，民間的手法を活用し展開することを目的として市全体の収益を図ることになった」[13]。

(3)　マーケティング戦略

①　Product

昭和の町とは総延長550メートル，歩いて15分ほどの通り沿いに昭和の時代を彷彿とさせる商店が並ぶ。ａ．昭和の建築再生，ｂ．昭和の歴史再生（一店一宝，代々伝わる道具など。例えば昭和時代の配達自転車），ｃ．昭和の商品再生（一店一品，例えば昭和時代のアイスキャンデーなど），ｄ．昭和の商人再生（対面販売），を4つのキーワードとして商店街を特徴づけている。

商品は一店一品とは別に街全体の食の充実を図る。美味しい食事が出来るということが一つの観光の重要な特徴と考えた結果，「そば」を豊後高田の売り物にしようという計画が始まった。そば打ち職人養成講座による修行を経て認定を受けた職人のみが提供を許される。そば職人たちの移住補助なども行い，豊後高田の食の名物づくりを行った。豊後高田手打ちそば認定店の掟[14]を作り，品質保持を行い平成25年現在12店舗になった。

「ご案内人制度」拠点施設にはご案内人がいて，案内人とともに商店街を約1時間散策することができる。さまざまな商品や商店街にまつわるエピソードを聞ける。

「ボンネットバス」が平成21年に復活運行される。昭和時代に走行していたボンネットバスで街を周遊できる。他にも奇岩探訪コース，夷谷温泉満喫コース，六郷満山仏像巡りコースがあり観光の一つの核となっている。Product戦略はモノの商品とそれを取り巻くサービスやコトでより一層の楽しさを作り出している。

②　Price

施設への入場はテーマパーク3館共通券が850円である。またボンネットバ

ス単体は無料，案内人とのセットでバス1台につき2,000円となっている。

　もちろん，以上の施設等には入場しなくても商店街を散策するだけであれば無料であり，商店で売られている日常用品に関しては商店街の一般的な価格である。土産品は1,000円以下のものが多数で気軽に購入可能である。

③　Promotion

　プロモーション費はあまりかけていない。費用をかけてプロモーションをしても費用対効果に関して成果を示すことが曖昧になりがちなので，パブリシティを主に行っている。

　平成14年に「昭和ロマン蔵」が開設された。その中の施設の一つとして「駄菓子屋の夢の博物館」（昭和時代のおもちゃやポスターなどの展示）が開館され，町の案内所（インフォメーションセンター）も設けられる。その後「昭和ロマン蔵」の施設として平成17年に「昭和の絵本美術館」，平成18年に「レストラン旬彩」，平成19年に「昭和の夢町3丁目館（買い物どころ）」が開業した。街には手を加えられない，加えないということでこの地区のみをテーマパークの観点で施設を作った。商店街と共に在る拠点施設としてここからの情報発信を行っている。

④　Place

　近隣の別府や由布院などとの連携を組み，旅行代理店などともツアーを考えている。九州の他地区との関連性が強いが，さらに中国地方と電車やバス・フェリーなど最速3時間でかなり便利になり，バス会社等との連携も盛んになっている。

(4)　活性化のポイント

①　変化と多様性

　一つの成功に縛られずに，その後の多様性をつけて街の魅力を常に確認している。施設のみの観光ではそのうちに飽きられてしまうかもしれないので，商店街の空き店舗対策，案内人制度，ボンネットバスなどを開発し変化を起こしてきた。

②　住民自らの参画

「1次ブランドと2次ブランドという思考をしている。1次ブランドとはもともと地域が持っている歴史的・文化的資産価値，2次ブランドとは1次ブランドに地域の人が努力し，積み上げていくもの，ととらえている」15)。これに持続性を加えていくことによって初めて地域の価値が生まれてくるという考えを持って住民の自主性を重んじて街づくりをしている。

③　将来へ向けての布石

移住活動16) も行っており，移住者の短期宿泊施設として「ヴィラ・フロレスタ」がある。残すものと変えるもの（将来に向けて）を考えて行動している。

現在に至るまでの活性化を継続的に行っていくためには次世代の養成が必須と考えている。観光案内人制度は成人が案内人であるが，夏休みなどにはこどもたちによる町の案内「子どもご案内人」が行われる17)。教育熱心な地域であることを活かし「昭和の町は教育のまちです」というスローガンをたて，教育に取り組んでいる。豊後高田を歩くと子供たちが住民に対してに限らず人を見ると挨拶をする。これも教育のまちの一つの大きな価値であろう。

④　株式会社を設立したことにより資金や利益の流れが明確になったこと

株式会社の主要業務はａ．広域観光振興（回遊観光，ガイド，ボンネットバス運営など），ｂ．昭和の町振興（空き店舗対策，商店街の整備など）ｃ．昭和ロマン蔵運営（観光の一つの核の施設運営）である。観光と商業の両立を目指しているので，NPO法人の組織体ではなく株式会社にして資金の流れも明確になるようにした。また，株式会社にすることによって逆に持続可能な形を明白にさせた。

(5)　課　題　点

①　日帰り観光地からの脱却

「ここで半日観光して宿泊は別府や湯布院に訪れることが多い。日帰り観光は7割，その後の宿泊地は別府5割，湯布院1割となっている」18)。広域観光は真木大堂，田染荘，富貴寺，真玉海岸などがあるが，突出した観光スポットのものはない。観光客をより長時間誘致できる魅力づくりの検討も重要であろ

う。

②　商業と観光の両立をいかに考えるのか

観光に依拠している割合が現在は高いが，そこに焦点をあてすぎると住民の生活の中での商業という点がおろそかになる可能性もある。商業といかに両立させていくのか。住民の生活をいかに考えていくのか。住んでいて誇りを持つ暮らしとはいかなるものなのかを改めて考える必要が出てきている。

③　過疎化，少子高齢化

定住化対策，移住対策，とともに婚活（結婚活動）を開始しているが，人口の増大にはなかなかつながらない。町が持続的に発展していくためには定住を活性化させなくてはならないので，観光客の増大とともにこの対策が急がれる。

2　鹿児島県鹿児島市桜島（有限会社さくらじま旬彩館と鹿児島市の取り組み）

(1)　地域背景

桜島は鹿児島県の県庁所在地鹿児島市に在る。錦江湾をはさみ鹿児島市の対岸にあり，平成16年に鹿児島市と統合された。産業としては漁業や果樹栽培が盛んであるが，桜島の灰の影響を受け農産物は限られている。鹿児島市内と桜島は24時間運航のフェリーで結ばれており15分で到着するが，人口は減少傾向が続いている。

九州新幹線が平成23年に鹿児島まで開通してから新大阪から鹿児島まで最速3時間45分，広島から鹿児島まで最速2時間20分，博多から鹿児島まで1時間19分と九州内はもとより他地域と非常に近くなり，観光客が増加（平成22年に入込客888万人から平成23年に950万人）した。それにともなって第2期鹿児島市観光未来戦略を市で策定し，観光と特産品の連動性をはかった戦略を立てている[19]）。また，アジアに近いということで，台湾，韓国の観光客に対しての戦略も求められている（中国の客は関係の冷え込みから激減，香港は平成26年3月に香港線が就航するのでそれから先の戦略が求められる）。

平成24年の鹿児島県内の延べ宿泊者数は6,870,930人で前年比1.1％増になる。

これは前年の東日本大震災や新燃岳噴火などの落ち込みの反動，および鹿児島と台北線の就航により台湾からのツアー客が増加したことなどが考えられる[20]。九州新幹線が開業当時は増加したが，その後２年目に入り落ち着いてきたこともあり，今後も継続して戦略を立てなくてはならない。

　鹿児島市は農業県であるが，観光も重要な産業の一つである。農産物はもちろんその他の特産品をプロモートすることと，それに乗じて観光も活性化することに活性化策を検討してきた。さくらじま旬彩館は農産物とその加工品，および道の駅としての観光策として近年売り上げを増加させ，女性活用の一つのモデルとしても注目を浴びている。

⑵　現在までの経緯

①　第１段階：さくらじま旬彩館の立ち上げ（平成７年４月）

　農産物に傷などが多く商品としては廃棄されることが目立ったため，行政のほうから事業の提案があった。以前から「生活改善グループ（生活を豊かにしようとして住民がさまざまな取り組みを行うグループ活動）」があったが，それを母体にし法人化して傷物の農産物などを利用して経済活動ができないものかという意図で立ち上がったものである。工場の建物自体は鹿児島市のもので，機材は市の備品であり，市の間接的な補助のような形式となっている。

　小みかん（こみかん，桜島に特有な小ぶりのみかん）を利用したドレッシングなど農産物の加工品が主な商品である。開業当時の平成７年は売上げが400万円であった。平成11年は売上げ700万円であり，平成12年に道の駅ができるまでは販路の模索が続き思うように売れる状況ではなかったが地道な営業を継続してきた。

②　第２段階：道の駅開業（平成12年）

　道の駅が開業となり転機が訪れる。売上げは急速に伸び平成12年1,300万円，13年1,500万円，14年1,800万円となった。平成15年には道の駅でレストランも開業することになり，平成16年６月には法人化された。商品も多様化し，また道の駅でのレストラン営業も加わり売り上げは大幅に増大した。

　売上の推移は以下のとおりである。「平成16年5,026万円，平成17年5,462万

円，平成18年5,935万円，平成19年5,760万円，平成20年5,922万円，平成21年5,882万円，平成22年5,656万円，平成23年6,820万円（商品開発をさらに行う），平成24年6,848万円である」[21]。

　鹿児島市および鹿児島商工会議所も以下のような取り組みを行っている。

　市役所は特産品を農産物のみではなく，焼酎，お茶，水産加工品，畜産加工品，大島紬，薩摩切子，竹製品，さつま揚げ等として万遍なく売り出そうとしている。特産品の市としての取り組みはプロモーション（ガイドブックを配布，特産品コンクール開催〔商品を表彰することでモチベーションアップとそれをプロモーションにつなげる〕），新商品の事業支援（補助費，販路を九州各地，大阪，東京などで拡大する）などが主である[22]。平成26年度の市長トップセールスとしては桜島大根を掲げていた[23]。

　商工会議所の取り組みとしては，事業活動の推進および活性化が大きな目標であるため，さまざまな観点からの提案・計画・実行をしてきた。主な取り組みは観光と特産物の相乗効果で，観光客は入込客の増加を狙っており，特に新規客を増加させたいと考えている。

　九州新幹線の開業にともない平成22年10月から「九州新幹線全線開業経済効果最大化プロジェクト実行委員会」を商工会議所で立ち上げた。イタリアのナポリと鹿児島市で結ばれた姉妹都市盟約が50周年を迎えたことによっての「鹿児島×ナポリプロジェクト」として新しいイタリアンのメニュー開発を18の参加店で行った。「鹿児島イタリアンの創出を目指しており，今後の展開が待たれる」[24]。平成24年度においては「桜鯛まつり」（鹿児島名物の桜鯛を食すさまざまなイベントなど）を，平成25年度には「オールかごしまwelcomeキャンペーン」を行い観光客の動員をはかった。1次産品の振興と加工食品の波及効果，および観光への相乗効果を狙った。パンフレットに掲載されるのは270品目，多数の特産品を掲載してプレゼント形式で認知度および好感度を上げる。プロモーションはプレスリリース，リビング新聞の折り込み，雑誌などがメインである。

　以上のように，鹿児島市および商工会議所は農産物と観光の相乗効果を狙い，

鹿児島市の活性化戦略を練ってきている。

(3)　マーケティング戦略

①　Product

平成23年の商品開発は産業支援センターからの支援があり，鹿児島大学，鹿児島純心女子大学，鹿児島県と連携をはかり健康的な商品ということで開発をかける。青切小みかん（あおぎりこみかん，フラボノイドという抗酸化作用のある成分を含み，アンチエイジングにも効く）をドレッシング，ジュース，ジャム，調味料，粉末スパイス，塩こうじなどに加工する。「健康」「体にいいもの」「家族に食べさせたいもの」を考えて商品開発し，添加物も一切使っていない。

レストランの売上げは平成25年で37,647,813円，加工品の売上げ30,838,224円で，レストランの売上げのほうが加工品売り上げを上回っている。

②　Price

主要な商品として青切り小みかんドレッシングがある。180ミリリットル880円，スーパーで販売されているようなNBの商品よりは高めであるが，油は桜島産の椿油を使用し高品質の原料を使用している。その他，小みかんジャム80ｇ350円，桜島大根乾干し漬物160ｇ315円，小みかんグラッセ（小みかんの砂糖漬け）一つ130円などはお土産品としては高くない。

食事に関しては定食類が700円から800円，麺類（冷やし中華など）が700円前後であり，観光地の食事としては高くない。

③　Promotion

さくらじま旬彩館独自のイベントは１年に１回くらいで，残りは県などと一緒に行い県外のイベントも行う。市からは物産展などに行くときの補助が出される。桜島というブランドがあったおかげで催事などにはある程度集客ができることなどもあり，パブリシティでテレビ番組や新聞などが取材に来る。自らのプロモーションはほとんどしていない。

④　Place

鹿児島市内デパートのふるさとコーナー，中央駅コンフォート，城山観光ホテルの売店，国民宿舎レインボー桜島にチャネルがある。最近は菓子メーカー

の材料で２次加工をしてもらうことが増えている。(スパイス，ジュース，ジャムなど) また，全国チェーンのレストランのカクテルなどにも使用されている。

(4)　活性化のポイント

①　規格外産物の利用と的確な商品開発

農産物はどうしても規格によって廃棄処分品が出てしまう。それらの活用が十分になされていないのが悩みであったが，それを上手に利用するシステムを整備した。さらに商品開発は専門家の技術指導を仰ぎながらも主婦の視点を取り入れて健康的で美味しい商品が次々に開発されている。

②　女性のみの従業員

高額ではない給与ではあるが，時間を区切って交代制などで家事の合間でも働けるということで人材を集めやすくなった。立ち上げ当初は売上げも少なく全員パート扱いであったが，軌道に乗るにつれて正社員も雇用可能となった。現在は従業員29名でそのうち５名がアルバイトになっている。就業時間は８時30分から17時まで女性の働ける時間帯にし，その中での効率的な生産体制を敷いている。そのために，長時間労働が不可能な女性は自分の働ける時間で勤務可能であるし，また長時間働ける従業員にしても17時で終了するため，家庭との両立が図れる。

また，商品開発においても主婦の視点から安全で美味しいアイデアが出やすく，家族にも食べさせたい商品開発というポリシーが活きてくる。

(5)　課　題　点

さくらじま旬彩館としての課題：「商品の点では小みかんの生産量が減ってくるのではないかという心配がある。農家あってこその旬彩館の事業であるので，市場に出せるものは高く売ってほしい。市場に出せないものを出来るだけ加工して販売していきたい。農家との協力体制をさらに取っていき生活を助け合いながら，お互いの事業の基盤を作り上げたい」[25]。

従業員の年齢構成が高くなりつつあり，世代交代の点を今後うまくつなげていく必要がある。地域の中学生などに体験や見学をしてもらい仕事を理解してもらっている。

41

鹿児島市としての課題：

①　6次産業化

　6次産業を進めていく計画であり，その成功例としてはさくらじま旬彩館が
あげられる。しかし，総じて担い手不足がありさくらじま旬彩館以外の取り組
み事例が少ない。さくらじま旬彩館は「桜島」という地域名のブランド，桜島
大根，桜島小みかんという特徴のある原材料も良かったので成功したが，これ
を他のものに活かせるかどうかが今後の大きな課題である。鹿児島市としては
「黒薩摩鳥」という特色のあるものの知名度を上げていき6次産業化につなげ
ていきたいが，今後の展開が待たれる。

②　農業と観光

　鹿児島県は農業県である。ゆえに農産物を売っていきたいのであるが，それ
には観光の要素も重要になる。その関連性をいかにつなげていくのか。鹿児島
市としては観光プロモーション推進室を立ち上げて強化していく予定である。

　伝統的な産物に新しい要素を加えて販売していきたいが，それには一過性に
終わらせない工夫が必要である。プロジェクトも単年度でさまざまなものに移
行しており，継続性があまり見られない感もあるので，新規客も重要であるが
リピーターをいかにつけていくのかの検討が必要となっている。

3　兵庫県篠山市（街並みと産物）

(1)　地 域 背 景

　篠山市は大阪市から電車で1時間・車で50分，神戸市から電車で約1時間20
分・車で1時間，京都から車で1時間の兵庫県の山間の市である。神戸や大阪
までは近距離で，通勤通学圏内の街である。平成26年3月末現在で人口は
43,611人，平成14年から減少に転じている。現在もっとも多いのは男女ともに
50代後半層であるが，10年後に最も多くなるのは70代前半層になる[26]。以下
は街並みの商品化を行った事例である。

　もともとは城下町の武家町，商家町が残っている古い歴史のある街であり，
国選定重要伝統的建造物群保存地区であったが，そこに新しい風が吹き込まれ

ている。関西では篠山への訪問が観光の新しい動きの一つとなっている。篠山市のマーケティングの主体は，篠山市役所，一般社団法人ノオト（農都の意）が中心となり人の交流と街の活性化を進めている。

(2)　現在までの経緯

①　第1段階：「ホロンピア '88」（昭和63年）

竹下内閣のふるさと創生地方博覧会が盛んだった当時，北摂・丹波の祭典「ホロンピア '88」が開催された。これをきっかけに丹波篠山の農産物のブランド定着が進み，特に丹波黒大豆枝豆は新しい商品として秋のトップ商品となった。秋の大きなイベント「味祭り」も昭和63年にスタートし，農産物のブランドとして丹波篠山が認識され始めた。

②　第2段階：「丹波篠山築城400年祭り」（平成21年）

変えていかないとならないものと残しておかなくてはいけないものの検討・整理作業が始まる。変えないことも勇気であるという理念のもとに活性化が進み，地域の良いところを再発見する作業を行うことになる。このときに祭りの実行委員会が選択したのが「内向き」の祭りである。集客を目的とした一過性のイベントではなく，市民が楽しむ「まちづくりの祭」を目指した。安易な観光化を望まず，日常の暮らしを大切にする市民意識に配慮したもので，市外への広報はほとんど行わなかった[27]。

しかし，しばらくは観光行政に対しての風当たりは強く，特に城下町内の商店街ではイベントの開催に懐疑的な意見もあった。現在は観光客を意識した店舗増加などもあって一定の理解を得ている。

ここで一つの運動として古民家再生を行うこととなり，一般社団法人ノオト（農都の意）が大きな役割を果たす。ノオトは集落丸山のプロジェクトを通じて多くの関係者をつなぐコーディネート役をそれ以降務めることになった[28]。

篠山市の活性化事業はアート観光，移住，などの複合的な観点から行われている。篠山市の大きな課題は財政再建と人口減少に対する定住促進である。街づくりの方向性としては「地域住民の暮らしを守りながら，現在住んでいる住民が住んでよかったといえる状況をつくり，篠山の良さを生かして活気をもた

らすまちづくりをしていこう」となり，その中核を設定しているのが創造都市推進計画である。

③　第3段階：創造都市推進計画（平成25年から5ヶ年計画）

　市役所が主体となっている活性化の計画は第2次篠山市総合計画（平成23年度から32年度）を上位計画とした「創造都市推進計画」である。創造都市とは「市民一人一人が創造的に働き，暮らし，活動する都市」（大阪市立大学佐々木雅幸教授）とされ，先人が残した技術や資産に新しい知恵を重ねて生業として継承することである。それは，

　　・地域固有の文化や資産を活かしたまちづくりが活発に行われ，

　　・その活動が新しい価値や文化，産業の創出につながり，

　　・市民の暮らしの豊かさを高めていく

ことが期待される[29]。篠山市は特に農村景観が受け継がれていると住民たちが自らを考えているため創造農村と呼んでおり，「ある土地において，その環境に〈働きかける職人の技術と魂〉が〈作品として空間化〉して〈文化となり芸術となる〉。そのことが一体的に生起する。そのような創造の場に満ちた地域」と認識されている。最新のハイテク技術やICTなどを導入することで更に創造性を高め，地域の社会経済システムのイノベーションを実現していくことを目標としている[30]。これらは大都市の街づくりや役割とは異なるものを目指すものである。

　事業としては，

a　人材育成・組織形成（幅広い年齢層の育成を行うが，移住者の方々にも参加してもらう）

b　食・農・里山（集落農業の再生，里山文化創造事業）

c　地域の拠点・空間・景観（空き家活用事業，城下町活性化事業など）

d　伝統工芸・文化振興（丹波焼の振興，幅広い文化芸術活動など）

e　情報発信・交流（地域情報プラットフォームの構築，創造都市ネットワークへの参画など）

を行うものである[31]。

「ａ　人材育成・組織形成」に関しては以下のことがなされている。

ａの１　定住促進

「ふるさと篠山に住もう帰ろう運動」として，空き家の活用とマッチング，婚活支援，市内企業の振興と企業誘致を行っている。「働く場所がなければ定住にもつながらないということであるが，少々ミスマッチが起きていることもあり，今後はこれを調整していく。通勤通学のための条件整備などを行っている」[32]。現在のところ，移住者も増加はしているが，転入と転出は転出増になっており，社会動態としては転出超過となっている[33]。以前に比べては賑わいが出てきているが，税収という面ではさほどの大きな変化はない。今後の展開が待たれる。

ａの２　神戸大学との連携

神戸大学農学研究科，人文学研究科，保険学研究科との連携があり，農学研究科では篠山フィールドステーションが平成19年に開設され，地域の発展に資する研究と実践的な人材育成を目指して，人々の生活の場での研究・教育活動をすすめる拠点施設となっている[34]。

ａの３　観光協会，観光案内所

観光協会員は200名あまりで，主には市役所の仕事の請け合いを行っている。商業，飲食業のメンバーが中心であり中には丹波焼の窯元や地酒メーカーなどもある。観光案内所には「ディスカバーささやま」というボランティアの観光ガイドがあり，希望の場所・時間で案内を請け負う。

篠山の特徴は古い城下町（慶長14年，1609年に築城）が残っていること，丹波焼，農産物（黒豆，山のいも，栗，お茶など），里山などである。大阪，神戸，京都からは１時間強程度なので，観光するには大変便利な距離である。観光客は10月ごろの秋に集中しており，４月の桜まつり，１月の春日神社の能舞台などにも観光客が多い。以前は京阪神から城下町を訪れる，高齢者中心の個人や団体であったが，最近は家族連れ，カップル，団体（ツアー）も多くみられ，中高生の見学ツアーも盛んになった。レンタサイクル，歩く観光を中心にして案内を行っている。

⑶　マーケティング戦略

①　Product

篠山の商品戦略は，最初は農産物であった。しかし，最近の商品としては観光，それも単なる食と散策のような散策ではなく，篠山という街に「アート」という要素を付加価値化させて，それによっての街の里山アート化に位置づけを持ってきたことにあろう。

平成20年から始まった「アートフェア　まちなみアート」は９月の２回有る連休に行われ大変に人気があるイベントになった。古い街並みを活かし，道路沿いの家々に芸術家たちが作品を展示する。芸術家との関わりが強い中西薫株式会社丹中代表取締役などが中心となって進めてきた。しゃれた郊外の観光地として観光客を集め，古民家を改築などした蕎麦屋や宿泊施設も人気を集めている。

秋の行楽季節には「味祭り」が３日間開催され，農作物（黒枝豆，栗）が販売される。平成24年には10月６日（土）19,000人，７日（日）26,000人，８日（月・祝日）22,000人，合計67,000人，平成25年には10月12日（土）25,000人，13日（日）39,000人，14日（月・祝日）32,000人，合計96,000人の入込客があった。

②　Price

農産物に関しては，一般的なものよりは少し高額なものもある。しかし，それは以前から認識されてきた高品質により，その価格に関しては納得されているものと思われる。街に立ち並ぶ食事処，カフェ，などは観光地の価格ではある。それも全体的な里山アートに拠るものである。

③　Promotion

プロモーションは体系的に行っているわけではなく，また予算の関係からも特に目立ったことはしてはいないが，秋のシーズンなどにはマスコミからの取材も多く，パブリシティが中心である。「移住者のおしゃれなレストランやカフェ，雑貨店などが増えたこともあり，雑誌にもしゃれた郊外の散歩，日帰りの癒しの旅などの特集に載せられることが多くなった」[35]。

イベント：

　主なイベントは以下のものである。

　1月下旬　いのしし祭，3月上旬　篠山ABCマラソン大会，4月上旬　さくらまつり，6月上旬　大国寺と丹波茶まつり，8月中旬　デカンショ祭（デカンショ節の盆踊り大会），9月中旬　まちなみアート，10月中旬　味まつり，丹波焼陶器まつりと物産市である。

　大きなイベントを核にしてパブリシティが行われており，わかりやすく伝えている。しかし，それだけだと新鮮さが失われることにもつながるので，小さなイベントとして例えば3月に「ぷらっと・ささやま2014（ささやま体験&サイクリング）」，10月には「ササヤママルシェ（ジャンルを問わない市場）」なども開催している。

④　Place

　旅行代理店などとの連携があるが，大掛かりなものではない。バス会社ともツアーを組んでいるが，駐車場の問題などもあり大きな活動にはつながっていない。

(4)　活性化のポイント

①　アートと里山

　自らの価値をどうとらえるのかというときに，里山の雰囲気とアートと農産物をうまく組み合わせた。単なる地方の牧歌的な情景だけではなく，そこに美術的な要素が加味されているということでの商品づくりを設定したことが関心を引いた。

②　一般社団法人ノオト

　街はあくまでの「人々の暮らし」が中心であるという理念で，街づくりのコーディネート役をノオトが請け負っている。生活の文化が人材を寄せている。

　「古民家再生は空いている家を介して，人々が寄ってくることになる。文化を発信することによって，篠山と気が合う人々が来訪するようになり，文化的な雰囲気を醸し出している。今後は小さい街の動きをいかに広げ，つなげていくのかが展望としてある。点と点をつなげて線にしている段階である。中間支

援（人を連れてくる，資金を調達する，地域とのコミュニケーション）としてのノオトを存在意義としている」36)。

(5) 課　題　点

① 京阪神の都市から近距離ということもあり，日帰り観光が中心となる。温泉地ということでもないので，宿泊施設が少なく滞留時間の短さをいかに延ばしていくのかが課題となっている。イベントが秋に集中していることもあり，分散化させて観光を常態化させたい。道や駐車場の整備もまだ追いついていないため，観光という点からのさらなる検討が必要になっている。

② 食のブランドの観点から，特産品の偽物や便乗商品などが出てきている。消費者からのクレームなども多くなってきている。本物を提供していることが篠山の文化の高さを表明していることになるので，食の産品の管理・運営を今後いかに図っていくのか，を検討中である。

③ 住民の街への意識は以前に比較したら，高まってきてはいる。しかし，まだ観光や街づくりへの意識の高い人は限られている。これをいかに盛り上げていくのかの対策が必要になっている。

4　沖縄県宮古島市（宮古上布）

(1) 地　域　背　景

宮古島市は人口54,020人（令和3年6月末現在）の沖縄の離島である。島内の主な産業は漁業と農業であり，以前の三大産業はさとうきび，鰹節，宮古上布であった。現在は漁業・農業に観光が加わっている。

宮古上布は文化財に指定されている伝統的な織物で，島の歴史的な産品である。宮古上布の歴史は16世紀が始まりといわれ，普及したのは人頭税という江戸時代の税金を納めなくてはならないときに女性が納めることを義務付けられた反物である。明治36年に税法が変わり納税義務から解放され商品化に乗り出した。昭和50年には，経済産業大臣より伝統的工芸品に指定を受け，昭和53年に国の重要無形文化財に認定される。平成15年には，糸績み技術が国選定保存

技術となる[37]。もとより上質な商品ではあったが，現在では伝統的美術工芸品としての位置づけのほうが高くなっている。

　生産額は戦後のピーク時昭和50年には2億100万円であったが，平成23年度には4,111万5千円に，また現在の生産高は27反前後の状況である[38]。しかし，宮古上布は近年，宮古島市，宮古織物事業協同組合，宮古苧麻績み保存会などの活動によって伝統を守りながらの新しい動きが出てきている[39]。

(2)　現在までの経緯

①　第1段階：生産の減少（昭和40年代から）

　宮古上布の生産反数は明治から昭和にかけて年間約10,000反，最盛期には18,000反あり非常に盛況であった。その後，昭和17年に重要産物統制法により生産休止，戦後昭和30年代から40年代にかけて多少の復興を見せ900反から1,000反になった。しかし，昭和40年代後半からは減少の一途をたどった。平成5年からは100反を切り危機感が出てくる。

②　第2段階：保存と革新（平成13年から）

　減少傾向をどうにか食い止めなければということで各方面から問題意識が提示されることになる。伝統的な技術を要する商品ということもあり，「保存」と「革新」の両面から活動を行うことにした。

　「保存」を主目的とする活動としては「宮古苧麻（ちょま）績み保存会」の取り組みがある。宮古上布の工程の最初の「糸作り」工程は，年々高齢化が進み技術の伝承の問題が起きてきた。平成13年から平良市，下地町，友利地区で文化庁国庫補助事業により苧麻糸手績の伝承事業を実地し，保存会が結成された。その後変遷を経て平成15年に「宮古苧麻績み保存会」と名称を改めた。それによって技術の講習会が開かれ技術を指導し10年で400名の研修生が受講した。そこでは基本技術の基盤固めを目的としている。もう一つの保存会としては「宮古上布保存会」があり，教育委員会が後援し上布の保存を目的として活動を行っている。

　また，「宮古織物事業協同組合」は宮古島市が上布を商工物産として扱い，組合の活動に支援をしており，産業としてビジネスの位置づけで活動を行って

いる。成り行きに任せていては徐々に先細りしてしまうような技術を正確に伝承・指導するという役目を守りながらも，販路の確約などで商品販売を確立することに注力する活動を行っている。

「革新」的な活動としては新商品開発がある。「市役所の取り組みは伝統的な宮古上布は高価で大きな売り上げ増が見込めるか定かではないということもあり，市役所のほうでは，伝統的なものを守りながらも雇用促進や産業の連関性などを思考しながら，最初の工程の糸作りへの取り組みと新商品開発などに注力している」[40]。

商品化を目的とする新しい活動として「Shima Shirt（しまシャツ）」の開発がある。宮古上布を全体に使用することなく，売れない生地あるいは半端な苧麻を部分的に使用しシャツを制作する。価格はシャツ1枚が1万円から1万5千円くらいの設定で，今後の販売を計画中である。全体で宮古上布を使用するとかなりの高額になってしまうため，部分使いで宮古島らしさを出しながらも価格を抑えている。沖縄本島のかりゆしウェアに対してShima Shirt（しまシャツ）を考案した。一つの商品ができることにより，地域の絆づくり，雇用促進の一方策にもなることも目指している。

③　第3段階：更なる協力体制（平成22年から）

商工会議所：

宮古上布は大変高額なので，宮古織という宮古上布よりは安価な織物を使ってかりゆしフェアなどを行っている。宮古上布は伝統工芸というとらえ方で，人から人への伝承的な技術を子供たちに伝えていきたいということでの対応である。宮古上布は主な出荷先は県外に91.7%[41]あり，流通先を確実にしながらもさらに増加させなくてはならない。厳しい状況でもあるが伝統を絶やしてはならないという意識で奮闘している。その一方でお土産などでも売れる宮古織を現状としては注力している。宮古織は産業まつりでも取り上げている。

「マンゴ，海ブドウ，もずく，雪塩は最近人気がある商品でもあり，商工会議所でもバックアップ体制がある産物となっていて，それらの商品群とのコラボレーションで産業まつりに宮古上布や宮古織を取り上げている」[42]。

観 光 協 会：

　平成22年から力を入れているのが，教育旅行である。農家民泊，市内ホテルステイ，リゾートホテルステイの３つの滞在方法があり，農家民泊では，農家の生活を実際に体験することで地元住民との交流を図る。宮古島地域ではハブが生息していないため，農業体験も安心・安全に行える[43]。

　「農業体験，漁業体験，郷土料理体験，伝統文化体験などができ，伝統文化体験では織物の体験プログラムが組まれており，宮古上布を実際に肌で感じることが可能である。関西圏からの高校生が主体ではあったが，沖縄本島の小学生も来島するようになっている。中高生のような若い人に伝統工芸を認知してもらうことを一つの目的としている」[44]。

(3)　マーケティング戦略

①　Product

　主な工程は以下の６工程で分業制度の形が残されている。それぞれの専門分野に技術者がいて，長年の経験によって培われた高度な技術を保持している。①糸作り（苧麻という原料を植え付け，収穫，糸作り，撚り掛け〔切れにくい糸への作業〕），②デザイン（図案作成，経糸の括り〔かすりへの準備〕，緯絣つくり〔かすりへの準備〕，③染め，④織りの準備（経糸と緯糸の準備），⑤織り（１反を織り上げるのに早い人で３か月から４か月），⑥仕上げ（洗い，糊つけ，砧打ちなど）の６工程で完成になる[45]。

　最初の作業である①の糸作り，撚り掛けは地味で大変な作業である。習得までに時間がかかり収入も多くないということもあり，職人の高齢化が進み若い人がなかなか就業しない状況にある。現在60歳以上の女性にしかできない技術とも言われている[46]。②のデザインや⑤の織りなどは①の工程よりは人手は困ってはいないが，ただ，全体的にはジリ貧の状況があり，将来の担い手問題が浮上している。沖縄の織物の事業所は89.5％が１人の従業者で，２人から４人が7.4％と非常に小規模の事業所である。事業者の年代は20代2.8％，30代11％，40代21％，50代29.6％，60代19.2％，70代16.3％，と高齢化は顕著である[47]。

　宮古で織られている織物は種類としては大きく4種類ある。手間がかかり上等なものから順番に1．宮古上布（縦，横共に苧麻糸を使用），2．苧麻織り（縦は紡績の麻糸，横は苧麻糸を使用），3．宮古麻織（縦，横共に紡績の麻糸を使用），4．宮古織（縦に紡績の綿糸，横に紡績の麻糸使用）である。価格は宮古上布が200万から300万という高額なものになるが，宮古織は数千円から数万という価格の幅である。価格の問題などもあり，全体的な流れとしては価格が高くない宮古織に商品構成が流れてきている。上述したように高価格で販路が拡大しないことからも宮古上布に関してはShima Shirtのような部分使いも多くなり，商品の幅を持たせる戦略になっている。

②　Price

　宮古上布は非常に手間がかかるということもあり，上質のものであれば1反何百万円（200から300万円）もする。工程の複雑さと技術の煩雑さ，完成までの時間などが加味され，高額な商品になっている。小物（バッグや財布など）や部分使いなどで価格をこなれたものにすることも多くなっている。

③　Promotion

　ほとんどは県や市などの観光フェアなどに出品することなどのプロモーションになる。予算が計上できないということもあり，地道な活動になっている。

④　Place

　「流通ルートは問屋が主で，その中でも京都の割合が多く東京は10％である。売上が落ち込んだのはリーマンショック，東日本大震災などのときが顕著である。しかし，平成24年あたりから徐々に増加傾向にあり，在庫が売れていく状況である。宮古上布は作り手と売り手が異なるのが特徴ともいえる。」[48]。

　営業活動は東京のデパートや県の展示会，地元の産業まつりなどで，行政支援（県や国）で行うことが主である。

⑷　活性化のポイント

①　保存と革新

　伝統的な技術を要する商品であるので，保存の活動は非常に重要である。しかし，そればかりでは現代の生活に使用していただけなくなるので，革新も同

時に進めている。日本全国で伝統的技術がすたれることが多い中で，この両立の動きに価値が認められよう。

②　協　力　体　制

一つの団体ではなかなか事業継続は困難である。それをさまざまな機関がそれぞれの立場を考えながら協力体制をひいている。一つ一つの機関は小さいものもあるが，それがいろいろな繋がりで少しずつの基盤が固まりつつある。

③　若い人の力

織りやデザインに意欲のある若者が入職しつつある。またさらに小中学生に伝統を大切にしたいという気運が高まり，子ども劇団などの活動も活発化し，次世代への伝統継承気運が高まっている。

(5)　課　題　点

①　後　継　者

織りやデザインのような目立つ工程には入職する意欲がある若い人もいる。しかし，糸作りのような地味な作業をいかに守り育てていくのかの課題が残る。補助金に頼っているだけではなかなか発展していかないので，全世代を考慮した方策が求められている。

②　原材料の不足

苧麻糸を作る人手が不足しており，その結果原材料が不足という事態を招いている。糸を増やす，糸を作る人の育成が問題である。

③　価　　　格

一反が出来上がるまでに4か月から1年とかかり，一反200万円とか300万円の高額になることもあり，販売を確実にしていくのは大変である。反物が増えるのが理想ではあるが，小物（バックとか財布など）での販売も行い，少しでも販売量が増加する努力は行っている。しかし，その商品群が消費者のニーズに合っているのかどうかはわからない点も多い。価格と消費者ニーズのバランスの探索が今後も必要である。

④　流　通　経　路

高額な商品でもあるため，流通経路が限られている。安定した流通経路とし

てみなすこともできるが，広がりが少ない。国際的なルートも開拓する必要があるかもしれない。

⑤　国や県の補助

　財政が厳しい状況で，さまざまな支援を受けてはいる。しかし，そのような依存体制が良いのかどうかが問題でもある。厳しい状況を自ら打ち破れることがなかなかできないまま，人手不足問題の根本的な解決にはなっていない。さらに国の財政が厳しくなってきている現状では補助も先細りの心配もある。地元の人々の意識をいかに高められるのかが問題である。

　協同組合，市役所，商工会議所，観光協会などがそれぞれに宮古上布をバックアップしてはいるが，それぞれの目的が少しずつ異なることもあって活動の統一性が見られない部分もある。総合的な観点からの活動が待たれる。

第4節　結びにかえて

　事例で取り上げてきたものは停滞しかねなかった地域を住民の創意工夫で前進させてきた事例である。いずれも地域の内発的な視点での取り組みがなされ，内なる力での試みは今後も重要な観点になろう。

　地域とは，1．普遍性，2．個別性，3．連帯性を持ち合わせている[49]。地域を主体とするマーケティングは固有資産の活用およびこの3つの地域の特質を考え，つまり地域間の相互依存効果のアップを考えて地域資産の活用を検討することになるであろう[50]。都市はもともと農耕社会なくしては成りたたないものであった，といってもよいのである。都市はつねに農耕社会と複合することによってはじめて成り立つような社会である。都市をそれだけ切りはなしたら，それは生活してゆく能力をもっていない。それは，すでに成立していた社会——それだけでも自活しうる社会——を基礎にして，そのうえにできあがったものであるにちがいない[51]。

　地域と生活と自然の関連性と，生活の中に消費があるということを思い起こすべきである。地域があっての生活であり，地域の成り立ちには自然が大いに

関連している。自然の成り立ちの克服は，あらかじめ超えていい領域と，超えれば無理が生じる範囲があるということを理解し，適性の範囲と適正の規模の生産とマーケティング理論を組み立てなおさねばならない。

　地域格差と消費経済の動向から今後の消費生活を検討しなくてはならない時期に突入している現況のなかで，疲弊や衰退を防ぎ少しでも前進していくためには，まずは足元の一歩から，そしてその後の地域全体へ向けての拡充が必要である。米国をはじめとして先進諸国は外発的な経済開発を推し進めてきた。それを見直したのが内発的発展論であり，足元の価値からの出発を意味する。お互いの価値を認め合うところからの格差の解消は地道な一歩ではあるが，それは住民の生活を豊かにしそれらが大きな動きになったときには国全体を少しずつ前へ進ませることになる。

　以前のマーケティングの中で中心命題の一つであった中央集権化と効率化に，地域経済の自前の自立の視点が求められ，これらの関係性をいかに検討するかが課題となっている。これはエリア・マーケティングに課せられた課題でもあり，企業のよりよい方向性と地域の発展を見定めていくのがエリア・マーケティングの役割とも思われる。

　今回の事例は内発的発展論的アプローチの一部ではあるが，地域の価値を発見あるいは見直し，それをいかに育てていくのかについての方向性の多様性が示されている。今後はさらに事例を積み重ね，理論の検証へ繋げていく意向である。

　社会の平和は，人と人との直接の触れ合いやみんなの利益の交錯や直接に言葉をかわし合うことから生まれるであろう。組合や法人団体のようなメカニズムとしての組織によってではなく，反対に，大きすぎも小さすぎもしない隣人の結びつきによって，である。地域ごとの連合が本物なのである[52]。地域を構成する住民，そして地域組織，それらの確固たる意志と連帯が格差解消への一つの前進になろう。

〔注〕

1)　辻本興慰「消費経済のパラダイム再考―豊かさの新次元を開くために」石橋春男編著『消費経済理論』慶應義塾大学出版会，2005，pp. 223-241.

2)　呉世煌「消費者運動と環境運動を架橋する自由財の消費と利用」呉世煌・西村多嘉子編著『消費者問題』慶應義塾大学出版会，2005，pp. 27-46.

3)　エリア・マーケティングのアプローチは現在3つある。①ナショナルから地域へ：都市部に本社機能を持つ企業や組織などが，マーケティングを全国統一のもので計画実行するのではなく，個別地域に対応させるマーケティング活動を行う。②地域からナショナルへ：地方に存在する企業や組織などが自分たちの地域の価値を最大限活かし，その価値を高め全国的にブランド化し，市場を拡大していく。③地域の中へ深く：地元に根付いた企業（特に流通業）がその地元で営業を行っていく際に地域の消費者に合わせたマーケティングや営業活動を行っていく。という3つがある。詳細は岩田貴子『エリア・マーケティング　アーキテクチャー』税務経理協会，2011年，第2章を参照のこと。

4)　岩田貴子『エリア・マーケティング　アーキテクチャー』税務経理協会，2011，pp. 27-28.

5)　米田清紀『エリア・マーケティング』ダイヤモンド社，1977，pp. 57-59.

6)　内発的発展とエリア・マーケティングの関係については岩田貴子『マーケティング・アーキテクチャー』税務経理協会，1998年，第3章に詳述してあるが，地域を思考の原点としてマーケティングを考える上で，内発的発展論は基盤の一つととらえることができる。

7)　鶴見和子・川田侃鶴見和子・川田侃編著『内発的発展論』東京大学出版会，1989，pp. ⅰ-ⅱ.

8)　岩田貴子『マーケティング・アーキテクチャー』税務経理協会，1998，p. 93.

9)　豊後高田市『豊後高田市HP』http://www.city.bungotakada.oita.jp/page/page_01507.html（2022年2月23日現在）

10)　①豊後高田市商工観光課資料『昭和の町について』2013，p. 1.
　　　②豊後高田市『豊後高田市中心市街地活性化基本計画』2007，p. 16.
　　　http://www2.city.bungotakada.oita.jp/planbungotakadacity.pdf（2014年5月3日現在）

11)　豊後高田市観光まちづくり㈱『豊後高田「昭和の町」づくり　その過去・現在・未来』2012，p. 19.

12)　豊後高田市観光まちづくり株式会社　金谷俊樹元社員におけるインタビューに基づく（2013年10月5日）。

13)　豊後高田市観光まちづくり株式会社　瀬々信吉観光振興推進室長，豊後高田市商工観光課　長岡正浩観光推進室主任におけるインタビューに基づく（2013年10月4日）。

14)　豊後高田手打ちそば認定店の掟：1．豊後高田産のそば粉を使用すること，2．手打ちであること，3．三たて（挽きたて，打ちたて，茹でたて）を守ること。

15)　豊後高田市観光まちづくり株式会社　野田洋二代表取締役におけるインタビュー

に基づく（2013年10月 4 日）。

16)　移住先の総合ランキング 1 位に豊後高田市が選ばれている（宝島社『いなか暮らしの本　2013年 2 月号』p.35.）。

17)　大分県豊後高田市学びの21世紀塾『昭和の町は教育のまちです第 2 集』学びの21世紀塾，2010，p.117.

18)　豊後高田市観光まちづくり株式会社　瀬々信吉観光振興推進室長，豊後高田市商工観光課　長岡正浩観光推進室主任におけるインタビューに基づく（2013年10月 4 日）。

19)　鹿児島市経済局観光交流部観光企画課『第 2 期鹿児島市観光未来戦略　概要版』2012.

20)　鹿児島県観光交流局観光課『鹿児島県の観光の動向　2012年版』2013，p.10.

21)　有限会社　さくらじま旬彩館　中島孝子代表取締役におけるインタビューに基づく（2014年 2 月23日）。

22)　鹿児島市役所経済振興部　産業支援課ものづくり係　有野美菜子主事，鹿児島市役所経済局　観光交流部　山下翼主事，鹿児島市役所経済局　農林水産部　精算流通部　小西敏幸主査におけるインタビューに基づく（2014年 2 月24日）。

23)　鹿児島市長定例記者会見『定例記者会見提供資料　2014年 1 月』2014.

24)　鹿児島商工会議所　企画産業部企画産業課　宮浦和英課長におけるインタビューに基づく（2014年 2 月24日）。
　　鹿児島商工会議所編『鹿児島×ナポリプロジェクト・新イタリアンメニュー開発成果報告書』2011年。

25)　21）と同じ。

26)　①篠山市『第 2 次篠山市総合計画』2010，p.4，7.
　　②篠山市『篠山市統計　2013年』2014.
　　http://www.city.sasayama.hyogo.jp/pc/group/jouhouseisaku/assets/2013/12/2502jinkou.pdf（2014年 5 月 3 日現在）
　　③兵庫県篠山市公式HP
　　http://www.city.sasayama.hyogo.jp/（2014年 5 月 3 日現在）

27)　一般社団法人ノオト『第 2 回創造農村ワークショップ』2012，p.35.

28)　27）と同じ，p.37.（古民家再生に関してはp.44参照のこと）.

29)　篠山市『篠山市創造都市推進計画　2013年 9 月版』2013，p.5.

30)　27）と同じ，p.13.

31)　篠山市『篠山市創造都市推進計画概要版』2013.

32)　篠山市政策部企画課篠山に住もう帰ろう室　竹見清司室長，篠山市農都創造部商工観光課　観光係　波部正司係長におけるインタビューに基づく（2014年 1 月20日）。

33)　26）②と同じ。

34)　神戸大学地域連携推進室　http://kobe-face.jp/sasayama/（2014年 5 月 1 日現在）

35)　丹波篠山観光協会　池野徹事務局長におけるインタビューに基づく（2014年 1 月20日）。

36)　一般社団法人ノオト　金野幸雄代表理事におけるインタビューに基づく（2014年1月21日）。

37)　宮古織物事業共同組合『宮古上布パンフレット』2014.

38)　宮古上布保持団体編『宮古上布〜その手技〜』宮古上布保持団体事務局，2014，p. 9，52−53.

39)　沖縄県商工労働部商工振興課編『平成24年度工芸産業実態調査結果報告』沖縄県商工労働部商工振興課，2012，p. 8.

40)　宮古島市役所観光商工局　商工物産交流課　商工物産係　川満邦弘係長におけるインタビューに基づく（2014年2月17日）。

41)　39）と同じ，p. 7.

42)　宮古島商工会議所　砂川恵助専務理事におけるインタビューに基づく（2014年2月17日）。

43)　宮古圏教育旅行誘致推進委員会編『宮古島の教育旅行』一般社団法人　宮古島観光協会，2014，p. 4.

44)　社団法人宮古島観光協会　川満正寛教育旅行コーディネーターにおけるインタビューに基づく（2014年2月17日）。

45)　38）と同じ，p. 2.

46)　宮古苧麻績み保存会編『苧麻糸物語』宮古苧麻績み保存会，2007年，あとがき.

47)　39）と同じ，p. 3，5.

48)　宮古織物事業協同組合　武富末子工芸村担当，宮古織物事業協同組合　上原則子専務理事，宮古織物事業協同組合　下里まさみ事務局におけるインタビューに基づく（2014年2月17日）。

49)　樺山紘一『地域からの発想』日本経済新聞社，1979，p. 77.

50)　川勝平太「内発的発展論の可能性」『『内発的発展』とは何か』川勝平太・鶴見和子共著，藤原書店，2008，pp. 14−24. において川勝は内発的発展論とは，アイデンティティ論であり，関係性をみるものであり，価値多元論である，と述べている。

51)　今西錦司『村と人間』新評論社，1952，p. 2.

52)　アラン　エミール＝オーギュスト・シャルティエ著，神谷幹夫訳『幸福論』岩波書店，1998，p. 114.

〔参考文献〕

1)　中山元「解説　ジュネーブ共和国市民，ルソー」ジャンジャック・ルソー著，中山元訳『人間不平等起源論』光文社，2008.

本章の本文においては，解説の都合上，年数表記を和暦で統一している。

この研究は平成25年度日本大学商学部研究費（共同研究　経済格差と消費経済の動向に関する研究）の研究成果の一部である。拙稿「エリア・マーケティングにおける内発的発展論的アプローチ─地域格差への一試論─」『商学研究』第31号，日本大学商学部商学研究所，2015，pp. 5−30. をもとに加筆修正したものである。

第3章

農家による農村振興と
エリア・マーケティング
―グリーン・ツーリズム，農泊の現状と展望―

第1節　はじめに

　わが国の地域活性策は1960年代ごろからさまざまな観点から議論がなされているが，成功裏に進むものがある一方で進まないものもある。地域には注目を集める，例えば温泉や世界遺産などの観光資源がありそれによって地域価値の中核が立てやすい場合もあるが，そのような観光名所がない地区も多数存在する。地方に訪れると「何にもない所なのですよ」という言葉を投げかけられることもあるが，そのような状況のもとでいかに地域を活性化させていくのか，その一つの策としてグリーン・ツーリズム，農泊（農村民泊）を課題としてこの章では検討する。

　日本のグリーン・ツーリズムはどこに向かうのか？先行してきたヨーロッパ・スタイルとは何が異なるのか？日本独自の路線をいくのか，ヨーロッパ・スタイルに追随するのか？わが国では1990年ごろから政策的にも推進され台頭してきたグリーン・ツーリズムの発祥からの経緯をたどりながら現状の問題点を探り，エリア・マーケティングの観点から今後の展望を検討する。

　少ない先行投資で開始でき，少ない手数料で認可されることが多く倒産の心配がほとんどないという長所[1]がある一方で，提供する商品（サービス）は人

に頼ることが多いという困難さもあるグリーン・ツーリズムであるが，現状はいかなるものかの整理を先ずは行う。社会学，経済学，観光学からの分析はあるが，マーケティングの観点からの分析は少ない。この研究においてはグリーン・ツーリズムをマーケティング，特にエリア・マーケティングの観点から分析を行い，日本のグリーン・ツーリズムの展望を思考する。

第2節　グリーン・ツーリズム，農泊（農村民泊）とは

1　グリーン・ツーリズムの分類と特徴

　この論文においてはグリーン・ツーリズムの中でも農泊を主に論じていく。現在は，グリーン・ツーリズム，農泊は区分けがされているが，まだ新しい概念であり文献の中でも時代の流れによって概念が追加・細分化されたり，論者によってとらえ方が異なったりもある。以上を踏まえたうえで，農泊の概念を以下のように規定していく。

　グリーン・ツーリズムとは農山漁村地域において自然，文化，人々との交流を楽しむ滞在型の余暇活動である[2]。ヨーロッパで誕生し発展してきた。わが国のグリーン・ツーリズムの特徴としては以下の3点が挙げられる。①休養より体験，体験型修学旅行や子ども体験学習，援農ボランティア（ワーキングホリデー）を含めるかどうかは議論のあるところだが，ほとんど，農業体験ツアー，子どもの体験型修学旅行や体験学習，さらにワーキングホリデーをもグリーン・ツーリズムと捉え，その受け入れに積極的に取り組んでいる。②滞在日数が短く，日帰り，1泊がほとんどをしめ，それ以上でも2～3泊でほぼ全体になる。③グリーン・ツーリズム滞在施設は，西欧諸国では農家民宿だが，わが国では市町村等の都市農村交流を目的とした公設滞在施設の利用が多い[3]。

　また，ファームステイという語句も海外で使われることが多いが，グリーン・ツーリズムは日帰りも宿泊も含むのに対して，ファームステイは農村地域に宿泊・滞在すること（日帰りではなく），が区分けとなる。(図表3-1)[4]

図表3−1　「ファームステイ」の範囲

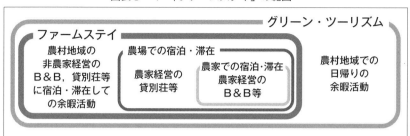

　農泊とは，外国人旅行者を含む利用者が農村漁村地域に宿泊し，滞在中に地域資源を活用した食事や体験等を楽しむ「農村漁村滞在型旅行」のことである。現在，農泊推進対策において支援している農泊実践地域においては，なんらかの形で「宿泊」,「食事」,「体験」を提供できる形を備えていることを必須としている[5]。農泊は2003年に安心院が商標登録を行い，2016年頃から使用が広まり2018年に農林水産省が専用使用権を取っている。図表3−2[6]から，農泊の宿泊にはさまざまな形態があり，農家で宿泊することもあるが，非農家での宿泊として民泊や古民家ステイも含まれており，幅広く農村での宿泊ということで範囲は広い。

　農泊の中には非農家民泊の形態があり，そこに焦点を当てているのが「日本ファームステイ協会」[7]のシステムである。日本ファームステイ協会は「とまりーな」というサイトを運営しているがそこでは空き家活用として古民家の積極的な支援を行っている。

　安心院式農泊は農家民泊に力点を置いている。一日一組のお客様を地域の農家に迎えて心の交流をし，第二のふる里になってもらうこととしている。教育旅行の場合には，生徒が少人数の班に分かれ地域の民家に泊まり，農業・農村体験を通じて日常生活とは異なる「農村」を体験してもらうことに重点を置いている。一般的な農業・農村体験学習というと，ホテルや旅館，民宿に宿泊し数時間単位に区切って田植えや稲刈りなどのメニューに沿って体験をさせるという方法であるが，安心院の場合には受け入れ家族と一緒に農作業や食卓を囲

図表3－2　農泊（農山漁村滞在型旅行）

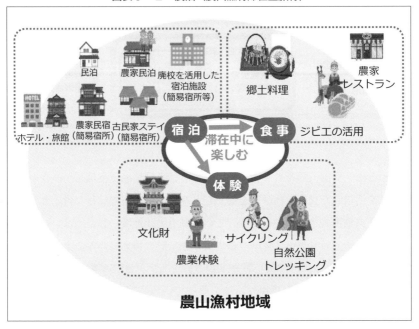

むこととし触れ合いを行う。一般客の場合にも1泊朝食あるいは一泊2食とし，さまざまな交流活動を行う[8]。

　安心院では①本業を農業とし，あくまでも副業という位置づけであり本業が忙しい時は断る，②地域還元の運動で原則夕食は近くのレストランで食べてもらう，とし，メインは交流としている[9]。

2　グリーン・ツーリズムの海外との比較

　この論文においては，グリーン・ツーリズムは農泊を包括している概念であり，農泊はグリーン・ツーリズムが範囲を拡大していくにあたり，細分化が認められた一つの形態と整理する。グリーン・ツーリズム，ファームステイ，農泊は第2節の1のような分類があるが，第2節，第3節ではさまざまな語句が原文に従って表示されていることを付記する。この理由としては，一つにはグ

リーン・ツーリズムと農泊はいまだに同義語として語られていることが多い，二つには国によってもとらえ方が異なっている，三つには文献が時代によって語彙の解釈が異なる，などがあげられる。

(1)　ヨーロッパ

ヨーロッパのグリーン・ツーリズムは，マス・ツーリズムの拡大に伴う環境問題に対する反省の立場や，環境にやさしいという「グリーン」の概念が含まれており地域の生態的バランスを崩すことなく環境に負荷を与えない観光開発・展開であり，また批判的消費観光者あるいはグリーン・ツーリストによる観光行動を意味している。また，一方農家民宿は農家の副業として農家収入を支え，農村における雇用の場を創出していること，またそれを求めていることも確かな事実であり都市と農村の交流の場でもある[10]。しかし，ヨーロッパと言っても各国によってさまざまな違いがある。鈴江恵子は「各国の違いとしてイギリスは自然保護運動の延長として，フランスはバカンスの一環として，ドイツは田園産業創出の機会として発展した。グリーン・ツーリズムの表記もサスティナブル・ツーリズム，ルーラル・ツーリズム，アグリ・ツーリズム，など国や利用目的によってさまざまである」と述べている[11]。

イギリスで盛んになったのは1980年代後半と言われているが，その理由としては，農村地域での雇用機会および所得が大きく減少しツーリズムからの収益で農家などの経営を少しでも安定させること，ツーリズムの成熟化・個性化・洗練化，国の公的機関やいろいろなボランティア団体が農村ツーリズムの促進に力を入れていること，が挙げられる[12]。

フランスでは1936年に年間15日の法定年次有給休暇制度が定められ，週休以外に有給休暇をとることが可能になり，バカンスをとる習慣が定着した。さらに1949年に農村にある小さなホテルの復興を目指すロ・ジ・エ・オーベルジュ・ド・フランス全国連盟，本格的な民宿組織であるジット・ド・フランス全国連盟が誕生することになる。ジット・ド・フランスは政府から援助を受けて発展し，加盟民宿の品質管理と等級付けを行っている。政府機関，自治体レベル，さらにツーリスト・オフィスでも農村ツーリズムの振興とPRを行って

いる[13]。フランスのグリーン・ツーリズムから学ぶべき事項として，①農業分野にとどまらず，農村地域社会全体の観光開発と結びついている。②全国組織や各種のサポート組織がフランスには多様に存在している。③法的緩和，④グリーン・ツーリズム構成要素の開発の高度化，の４点が挙げられている[14]。フランスにおいての民宿組織における品質管理は商品としての質を保つには大変有効ではあるが，プロモーションに関して，最近は民宿組織での全体のプロモーション効果は薄れてきている。独自にPRできるインターネットの発達の影響が大きい[15]。

　ドイツでは1960年頃，民宿を開業する農家が急増した。その当時は安くて質素な宿泊施設というイメージがあり，低所得層や子供を伴う家族による利用が大半であった。1980年代になると利用者の特性は当初の低所得層から変化し，学歴と所得も比較的高い層，休暇が比較的長くとれる職業が多くなっている[16]。ドイツでは農業条件がけっして素晴らしいとは言えない地域で始まった。大規模経営で生産コストの低減が可能な地域というよりは小規模で家族農業を中心とし，酪農や畜産とツーリズムを結び付けていく方法が見いだされた。「農家で休暇を」事業を本格的に進めている団体の一つがDLG（ドイツ農業協会）である。DLGは農村の生活と農家の収入を改善することに力を注いでおり，DLGの認定を受けるのは厳しい条件がある。ドイツの特徴として，個室があり基本自炊，家族向けには子供部屋がある，格安料金，教育的プログラムがある，という点が挙げられる[17]。

　イタリアは1960年代にリゾートやバカンスという考え方が拡大し，1980年代から90年代にかけて全国に広まり盛んになった。1985年にアグリトゥーリズモ法が制定されたことが大きな契機となっている。

　アグリトゥーリズモの活動が始まった当初は農業の急激な衰退が見られた時期でもあった。そこで農家の建物を宿泊設備として改修し田舎の素朴でシンプルなサービスでもてなすことが，それまでにない余暇活動のスタイルとして注目された。かつては丘陵部や山間地域の小規模農家が大多数を占めたが，徐々に平野部の大規模農家にも広まるとともに活動は全国レベルとなっていった[18]。

現在では盛んとされているイタリアにおいても浸透しない過去は存在したし，トスカーナなどは今でこそ盛んではあるが過去ではあまり良い評判もなかった。それが今やイタリア国内はもとより，ヨーロッパ各国（ドイツ，オランダなど）からバカンスシーズンを中心に人々が多数訪れている。

(2) 日 本

今日のグリーン・ツーリズムにつながる政策は，1970年に山村振興基本問題諮問委員会によって作成された「山村の振興と開発」と題された答申にまでさかのぼると言われる[19]。

1980年代半ばになると，第三次全国総合開発計画のフォローアップ作業報告（1983年）や第四次全国総合開発計画（1987年）において，都市と農村漁村・過疎地域の交流促進が位置付けられて交流活動は全国的に広まった。しかし，1980年代後半以降のバブル経済期になると大規模リゾート開発が進み交流活動よりもリゾート開発に目を向けるようになった。さらにその後，1991年にバブル経済が終焉し，各地でリゾート開発の縮小・中止が相次ぐと国土政策として，それまでの民間活力による大規模リゾート開発から農村漁村回帰型の小規模リゾート開発への転換が図られた[20]。

1992年には農林水産省が新しい答申「新しい食料・農業・農村政策の方向」を打ち出し，具体化が進み，財団法人21世紀村づくり塾でグリーン・ツーリズムの定義が示される。グリーン・ツーリズムとは，都市と農村の相互補完を余暇活動（農村で楽しむゆとりのある休暇）に関連づけるものとして相補性，互酬性を暗示するオルタナティブなものとして提示された[21]。これに関する法律は「農村漁村余暇法」に準ずることになり制定は1994年になされた[22]。

1998年には「食料・農業・農村基本法」が制定されて，農業政策が大きく転換した。農業の持続的な発展を遂げるために農業・農村の多面的機能を生かし，多様性や多面性に着眼されることになる。農村の振興において都市農村交流が意義付けられ，グリーン・ツーリズムの必要性が認識されることになった[23]。

1998年以降20年経った現在において日本型のグリーン・ツーリズムがさまざまな形で進んでいるが，国内客の動向も変化しさらにインバウンドの観光客が

増加している現状もある中で，今までのグリーン・ツーリズムの歩みを基盤と
しながらも，グリーン・ツーリズムへの新たな視点や展望を提示することが求
められている。

　農林水産省はグリーン・ツーリズムを以下のように示している。「農山漁村
地域において自然，文化，人々との交流を楽しむ滞在型の余暇活動である。欧
州では，農村に滞在しバカンスを過ごすという余暇の過ごし方が普及している。
英国ではルーラル・ツーリズム，グリーン・ツーリズム，フランスではツーリ
ズム・ベール（緑の旅行）と呼ばれている。」[24]

　わが国ではグリーン・ツーリズムはWTO体制への移行を想定した「新政
策」の農村政策として取りあげられ，これからのむらづくり方策の一環として
位置づけられたもので，西欧との違いを井上和衛は以下のように整理している。
①ヨーロッパ諸国では完全週休二日制，年次有給休暇制度が確立しているが，
わが国では未確立，②ヨーロッパの農家では比較的プライバシーの守れる広く
石造りの施設が多いが，わが国ではそれが難しい，③ヨーロッパでは機械化で
農業労働の重い負担から解放された女性が主要な担い手であるが，わが国では
女性を含めて長時間労働で担い手の確保そのものが難しい，④ヨーロッパ型の
農家民宿の経営は農外就労との競合から担い手の確保が困難，⑤美しい田園景
観の維持が国民的合意となっていることに比べ，わが国ではその点は未確立で
ある[25]。

　農泊の許可を取るにはさまざまな法律があるが，国家戦略特別区域法，簡易
宿所法（旅館業法），住宅宿泊事業法（民泊新法2018年6月15日施行）[26]などがあ
り，どれにあてはめて営業を行っていくのかの選択肢は以前よりは増えてはい
る。

　日本では農家民宿を行っている農業経営体数は2015年で1,750件，漁家民宿
は875件，また，2017年度の延べ宿泊者数は179万人泊であり，ヨーロッパとは
大きな差があることは注意が必要である（図表3-3）[27]。

図表3－3　ドイツ，フランス，イタリアの農家民宿，農村民宿の比較

	ドイツ	フランス	イタリア
農家民宿・農村民宿の箇所数	約16,000ヶ所（2008年農家民宿数をBAG加盟者数から推計）	約60,000ヶ所（2015年ジット・ド・フランス加盟者数）	18,121ヶ所（2014年農家民宿のみ）
年間宿泊数	約2,440万泊（2011年ドイツ内の14才以上のドイツ語話者のみ）	約2,870万泊（2014年ジット・ド・フランス加盟民宿のみ）	約1,080万泊（2014年農家民宿のみ）
直接消費額	約1,400億円（2011年ドイツ内の14才以上のドイツ語話者のみによる農家・農村での休暇全体の消費額）	約840億円（2014年ジット・ド・フランス加盟民宿のみ）	約1,001億円（2002年アグリツーリスト加盟民宿のみ）
外国人比率	不明（農家・農村民宿の予約・検索サイトでは外国語未対応のため，小さいと推測される）	13%（2014年ジット・ド・フランス加盟民宿）	44%（2014年農家民宿）
主なネットワーク組織	・ドイツ連邦農家民宿および田園ツーリズム事業協会（BAG）と，その下部組織「農家で休暇を」連盟・ドイツ農業協会（DLG）	・ジット・ド・フランス全国連盟・ようこそ農家へ（ビアンヴニュ・ア・ラ・フェルム）・農家のもてなし（アキュイユ・ペイザン）	・アグリツーリスト・テラノストラ・ツーリズモ・ヴェルデ

（注）　本調査で最大限収集した資料やデータにおいて，各国の統計の調査方法や調査実施時点などが異なり，また対象が農家民宿のみだったり，農村民宿も含めたものだったり，特定のネットワーク組織のみだったりと異なるため，単純な比較は難しい。

第3節　農泊市場の背景

1　余暇活動の参加人口，希望率[28]

　日本人の余暇活動の参加人口は2017年，2018年とも1位は国内観光旅行で，2011年以来連続の首位となっている（図表3-4）。日本人にとって国内観光旅行は非常に重要な余暇活動である。また，希望率に関しても国内観光旅行は2位と大きく差をつけての首位である（図表3-5）。民間最終消費支出の推移を見ると，観光・行楽部門は伸びてはいる（図表3-6）。この市場の伸びはインバウンドの影響で国内観光の好調が続き，日本人の海外旅行も大きく伸びたことが要因として挙げられている。2020年のコロナ禍によってこの様相は大きく変化することは予想される。

図表３－４　余暇活動の参加人口上位20種目（2017年〜2018年）

2017年			2018年		
順位	余暇活動種目	万人	順位	余暇活動種目	万人
1	国内観光旅行（避暑，避寒，温泉など）	5,240	1	国内観光旅行（避暑，避寒，温泉など）	5,430
2	外食（日常的なものは除く）	3,980	2	外食（日常的なものは除く）	4,180
3	読書（仕事，勉強などを除く娯楽としての）	3,870	3	読書（仕事，勉強などを除く娯楽としての）	4,170
4	ドライブ	3,810	4	ドライブ	4,160
5	映画（テレビは除く）	3,420	5	映画（テレビは除く）	3,610
6	複合ショッピングセンター，アウトレットモール	3,310	6	複合ショッピングセンター，アウトレットモール	3,560
7	音楽鑑賞（配信，CD，レコード，テープ，FMなど）	3,190	7	音楽鑑賞（配信，CD，レコード，テープ，FMなど）	3,470
8	動物園，植物園，水族館，博物館	3,090	8	動物園，植物園，水族館，博物館	3,340
9	ウォーキング	2,970	9	ウィンドウショッピング（見て歩きなど娯楽としての）	3,070
10	カラオケ	2,920	10	ウォーキング	3,030
11	温浴施設（健康ランド，クアハウス，スーパー銭湯等）	2,750	11	温浴施設（健康ランド，クアハウス，スーパー銭湯等）	2,990
12	ビデオの鑑賞（レンタルを含む）	2,660	12	カラオケ	2,980
13	ウィンドウショッピング（見て歩きなど娯楽としての）	2,650	13	ビデオの鑑賞（レンタルを含む）	2,710
14	宝くじ	2,410	14	SNS，ツイッターなどのデジタルコミュニケーション	2,620
15	音楽会，コンサートなど	2,350	15	園芸，庭いじり	2,560
16	園芸，庭いじり	2,330	15	宝くじ	2,560
17	SNS，ツイッターなどのデジタルコミュニケーション	2,280	17	体操（器具を使わないもの）	2,410
18	体操（器具を使わないもの）	2,230	18	トランプ，オセロ，カルタ，花札など	2,370
19	トランプ，オセロ，カルタ，花札など	2,190	19	音楽会，コンサートなど	2,310
20	ジョギング，マラソン	2,000	20	ジョギング，マラソン	2,160
20	テレビゲーム（家庭での）	2,000			

（注）　2018年の網かけは前年に比べ順位の上昇，参加人口の増加があったことを示す。
（出所）　『レジャー白書』日本生産性本部，2019，p.3.

図表3－5　希望率上位20種目（2017年～2018年）①

（イ）　男性 （％）

順位	種　　　目	2017	2018
1	国内観光旅行（避暑，避寒，温泉など）	63.6	66.2
2	読書（仕事，勉強などを除く娯楽としての）	34.9	40.8
3	ドライブ	38.2	40.6
4	温浴施設（健康ランド，クアハウス，スーパー銭湯等）	36.0	39.7
5	ウォーキング	32.0	34.4
6	映画（テレビは除く）	28.3	32.4
6	海外旅行	30.8	32.4
8	外食（日常的なものは除く）	30.8	32.2
9	動物園，植物園，水族館，博物館	30.2	32.1
10	バーベキュー	29.7	30.6
11	複合ショッピングセンター，アウトレットモール	26.6	29.5
12	音楽鑑賞（配信，CD，レコード，テープ，FMなど）	25.3	29.3
13	ジョギング，マラソン	24.1	27.6
14	ピクニック，ハイキング，野外散歩	22.0	25.1
15	宝くじ	22.8	23.5
16	トレーニング	17.5	22.8
17	スポーツ観戦（テレビは除く）	22.4	22.5
17	日曜大工	20.5	22.5
19	カラオケ	22.1	22.3
20	SNS，ツイッターなどのデジタルコミュニケーション	17.4	22.0

（注）　希望率の網かけは前年に比べ上昇したことを示す。
（出所）　『レジャー白書』日本生産性本部，2019，p.27.を基に筆者作成

図表3－5　希望率上位20種目（2017年～2018年）②

（ロ）　全体　　　　　　　　　　　　　　　　　　　　　　　　　（％）

順位	種　　　目	2017	2018
1	国内観光旅行（避暑，避寒，温泉など）	69.4	71.3
2	読書（仕事，勉強などを除く娯楽としての）	40.1	44.2
3	温浴施設（健康ランド，クアハウス，スーパー銭湯等）	40.3	41.7
4	動物園，植物園，水族館，博物館	38.4	41.4
5	ドライブ	38.2	40.2
6	映画（テレビは除く）	32.0	36.9
7	海外旅行	35.2	36.6
8	外食（日常的なものは除く）	34.8	36.4
9	複合ショッピングセンター，アウトレットモール	34.2	35.6
10	ウォーキング	33.8	34.7
11	音楽鑑賞（配信，CD，レコード，テープ，FMなど）	26.4	30.7
12	バーベキュー	29.0	30.1
13	音楽会，コンサートなど	28.8	29.9
14	ウィンドウショッピング（見て歩きなど娯楽としての）	25.1	29.2
15	ピクニック，ハイキング，野外散歩	25.8	28.8
16	遊園地	25.9	28.1
17	カラオケ	25.1	25.8
18	催し物，博覧会	23.8	24.7
19	園芸，庭いじり	22.7	23.9
20	宝くじ	22.4	23.2

図表3－5　希望率上位20種目（2017年～2018年）③

（ハ）　女性　　　　　　　　　　　　　　　　　　　　　　　　　　　　　　　（％）

順位	種　　目	2017	2018
1	国内観光旅行（避暑，避寒，温泉など）	75.2	76.2
2	動物園，植物園，水族館，博物館	46.3	50.3
3	読書（仕事，勉強などを除く娯楽としての）	45.2	47.6
4	温浴施設（健康ランド，クアハウス，スーパー銭湯等）	44.5	43.7
5	複合ショッピングセンター，アウトレットモール	41.6	41.5
6	映画（テレビは除く）	35.7	41.3
7	海外旅行	39.5	40.6
8	外食（日常的なものは除く）	38.8	40.5
9	ドライブ	38.3	39.8
10	ウィンドウショッピング（見て歩きなど娯楽としての）	35.7	39.7
11	音楽会，コンサートなど	37.1	38.0
12	ウォーキング	35.5	35.0
13	遊園地	30.9	34.9
14	ピクニック，ハイキング，野外散歩	29.4	32.4
15	ファッション（楽しみとしての）	30.4	32.0
16	音楽鑑賞（配信，CD，レコード，テープ，FMなど）	27.6	31.9
17	催し物，博覧会	29.6	30.7
18	バーベキュー	28.4	29.6
19	カラオケ	28.1	29.1
20	体操（器具を使わないもの）	26.4	28.8

図表3－6　余暇市場，国内総支出，民間最終消費支出の推移

(億円，％)

	2012	2013	2014	2015	2016	2017	2018	伸び率（%）	
								'17/16	'18/17
スポーツ部門	39,160	39,190	39,480	40,270	40,280	40,730	41,270	1.2	1.3
趣味・創作部門	84,950	83,550	82,010	81,170	79,860	77,830	74,990	▲2.5	▲3.7
娯楽部門	501,520	502,010	503,260	497,080	494,960	491,230	490,100	▲0.7	▲0.2
観光・行楽部門	96,330	100,220	105,250	105,910	105,560	108,330	112,780	2.6	4.1
余暇市場	721,960	724,970	730,000	724,430	720,660	718,250	719,140	▲0.3	0.1
対国内総生産	14.6	14.4	14.2	13.6	13.5	13.2	13.1	▲2.0	▲0.6
対民間最終消費支出	24.9	24.4	24.3	24.1	24.1	23.7	23.6	▲1.6	▲0.7
国内総生産（支出側，名目）	4,949,572	5,031,756	5,138,760	5,313,198	5,313,864	5,451,037	5,489,065	1.7	0.7
民間最終消費支出（名目）	2,902,417	2,966,726	3,000,832	3,006,121	2,986,437	3,024,916	3,051,199	1.3	0.9

（注）「国内総生産（支出側，名目）」「民間最終消費支出（名目）」は，内閣府「国民経済計算（GDP統計）」における直近（2019年6月10日公表）の「四半期別GDP速報」による暦年の数字。

（出所）『レジャー白書』日本生産性本部，2019，p. 75.

2　観 光 施 策

　農泊に取り組む地域は2019年4月末で累計428地域で，農泊推進対策として採択されている（図表3－7）29)。政府としては以下のような施策を示している。「農山漁村において，持続的なビジネスとして「農泊」に取り組む地域を2020年までに500地域創出することに向け，意欲のある地域を対象に，実施体制の

図表3－7　農泊支援地域の採択状況（2019年4月末時点）

□ 中国四国66地域
鳥取県	8
島根県	13
岡山県	8
広島県	11
山口県	7
徳島県	3
香川県	4
愛媛県	6
高知県	6

□ 北海道40地域
| 北海道 | 40 |

□ 東北67地域
青森県	10
岩手県	12
宮城県	17
秋田県	9
山形県	10
福島県	9

□ 関東77地域
茨城県	4
栃木県	8
群馬県	6
埼玉県	5
千葉県	11
東京都	3
神奈川県	7
山梨県	5
長野県	14
静岡県	14

□ 北陸41地域
新潟県	17
富山県	7
石川県	10
福井県	7

□ 九州55地域
福岡県	8
佐賀県	5
長崎県	8
熊本県	14
大分県	4
宮崎県	5
鹿児島県	11

□ 近畿42地域
滋賀県	2
京都府	10
大阪府	3
兵庫県	9
奈良県	9
和歌山県	9

□ 東海30地域
岐阜県	12
愛知県	5
三重県	13

□ 沖縄10地域
| 沖縄県 | 10 |

全国計　428地域

構築，多言語案内や無料 Wi‐Fi の整備等インバウンドの受入環境整備，利用者のイメージする「農泊」らしい農家民宿や古民家の整備，農業体験等のコンテンツの充実等への支援を実施する。」「ディスカバー農山漁村（むら）の宝の選定，『SAVOR JAPAN』ブランドの魅力発信などを行い訪日外国人旅行者の誘客を強化する。」など，国内外に向けての方策を提示した[30]。

3　農林漁業の背景

　農林業経営体数（2015年2月1日現在数）は5年前に比べて18.7％減少した。

　農家民宿は2010年2,006件と比較すると2015年は1,750件と減少している。漁家民宿は2,179件（2003年）から835件と減少している[31]。

4　宿泊者数，宿泊施設の状況

　2017年度に採択した農泊実践地域205地域の宿泊状況を見てみると，2017年度の延べ宿泊者数は179万人泊であり，対策前の2016年度より14万人泊増加（8％増加）している（2018年11月末現在）。また，宿泊者数の中でのインバウンド宿泊者の伸び率の方が高い（2018年11月末現在）（図表3‐8）[32]。

図表3‐8　協議会構成員が管理運営する宿泊施設における宿泊者数

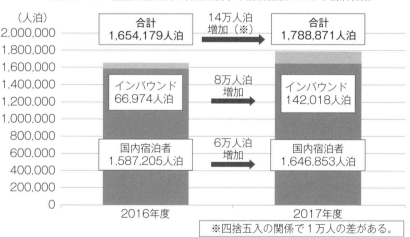

第4節　関連した先行研究とエリア・マーケティング

　前述したように先行研究におけるグリーン・ツーリズムと農泊のとらえ方は
同義語として語られていることも多い。農泊はグリーン・ツーリズムがさまざ
まに形を広げていく中で，わが国で細分化されてきた分野であり，現在その部
門の特徴は確立されている部分と特に検討が必要な部分がある。

1　経　済　学

　藤本髙志・内藤重之は沖縄伊江島の農家民泊に関しての研究において，修学
旅行生を対象とする農泊体験型観光の特徴を，①生活文化と人々のライフスタ
イルが観光資源という点，②外部主体（学校，旅行会社）に対応する対外機能と
内部主体（受入民家）に対応する対内機能をもつ中間支援組織（観光協会）が重
要な役割を果たす，③地域住民の参加と協力による運営，④強い地域内産業連
関，の4点を挙げ，地域内経済効果を経済学視点から述べた[33]。また加藤愛・
細野賢治・山尾政博は伊江島の事例において，民泊受入組織の機能と運営の実
態を検討し地域への効果を発揮する持続的な民泊運営のあり方を明らかにし，
課題はあるものの民泊は経済効果につながると整理し経済への貢献を述べてい
る[34]。

　農業経済学においては，内発的発展論の理論を基礎においた論理展開が多く
みられる。井上和衞，宮崎猛などはわが国におけるグリーン・ツーリズムは地
域経営型グリーン・ツーリズムが基本となると述べ，内発的発展からの視点で
地域組織，地域経営体，地域ネットワークを重視している[35]。

　経済学においては地域や農業にとって，経済効果は高いと認識されている。

2　社　会　学

　環境社会学からの観点として青木辰司の研究が代表的である。青木は社会学
を環境からとらえることによって20世紀の負の遺産の社会的背景や社会制度，
社会関係，社会意識を独自の視点から考究した。それらの構造を明らかにしな

から問題解決への社会学的課題を探ることに意義があるとし，グリーン・ツーリズムを分析している[36]。

青木は「計画普及段階から実践展開段階に入ったわが国のグリーン・ツーリズムにとって最も必要なのは，実践者のビジネスセンスの向上と，地域における多元的な連携体制の確立である」，「観光振興論の中心にある『エージェント支配』からの脱却が肝要である。つまり，ニーズ主導，あるいはマーケティング重視論，さらにはゲスト側の発想によるこれまでの観光ではなく，ホストとゲストが相互に共振する『協発型歓交』への展開である」と指摘しており，都市と農山村両者が行政，住民，民間企業，そして中間支援組織の連携で進めていくことが不可欠としている[37]。

3　観　光　学

山村高淑は地域の観光振興の観点から文化資源の重要性を説き，文化資源の「集積地」と文化資源の「集散地」の二点を以下のように説明している[38]。

集積地とは地域がどれだけ文化資源を所有できるか，その土地にストックできるかというアプローチである。できるだけ高い質で特定の場所に多くの資源をストックするという戦略である。この戦略は潤沢な予算を有する地域か，あるいは文化遺産や文化財をもともと多く持つ地域にとっては有効なのだが，それ以外に大多数の地域にとっては実現することが極めて難しい戦略である。もう一方の戦略は「集散地」である。ソフトとしての文化資源（情報・知識・技術・知的財産・メディアコンテンツなど）が集まり，そして人的交流を通して別の土地へ向かう，すなわちソフトの集散地＝ハブとなる戦略である。

この指摘から理解できることは，「何もないところなのですよ」というような，文化遺産などを持たない数多くの地域にとっては「集積地」という考え方は難しく，新たな集散地などの戦略が必要になるということである。地域活性化の一つの目玉は大規模な投資と潤沢な文化遺産等と思われてきたが，別視点が必要となっている。

また，井門隆夫は観光を，客数を追える業種と追えない業種での対立が生ま

れているとし，前者は人的資源の投入量以上に装置の回転率で収益が決定する装置型産業，後者を装置規模に限界があり人的資源の投入により価値を高め，収益を確保していく労働集約型産業として分類している。これまでの観光と呼ばれたカテゴリーは一貫して前者であり，地方観光においては生産年齢人口の減少という構造的問題の解決なしに，数を追う観光を継続していく限り，この構造的な矛盾が発生する，と述べている[39]。

　以上のような観光における数や量などで多くの消費者を集客することからの脱却が求められている。経済状況のさまざまな変化，グローバリズムの観光における数や規模の限界の指摘にもあるように，グリーン・ツーリズムは異なる角度からのとらえ方を検討される時期にきている。

4　マーケティング

　三浦俊彦は文化を競争力とするマーケティング戦略を，カルチャー・コンピタンス・マーケティング（CCM）と名づけ，その概念と戦略の体系を提案した[40]。三浦はカルチャー（文化）を競争力とするマーケティングにおいては文化資源を創造する戦略，および文化資源を調整（マッチング）する戦略が必要と説いた。調整する戦略の中で山村の「集散地戦略」を挙げ，さらに「行為させて理解させる戦略」を述べている。行為させるとは価値自体を伝達するのではなく，（その価値に基づく）行為をさせて，価値を理解させる戦略である。

　農泊は単に農家に宿泊するのではなく，そこで消費者が農業に関する何がしかの体験をする・農村生活を感じるという点を考えると，「行為させて理解させる戦略」を考慮することは重要である。

5　エリア・マーケティングの視点

　エリア・マーケティングは1970年代の後半に日本で誕生したマーケティング理論で，現在エリア・マーケティングには3つのアプローチがある[41]。

　アプローチ1（ナショナルから地域へ）：1970年代後半までの日本におけるマーケティングは市場を全国統一・同一ととらえ，日本の市場に統一のマーケティ

ング戦略で市場を攻略するという考え方が一般的であった。しかし，市場の飽和化を迎え同じ戦略ではモノが売れなくなっていく事象をいかにとらえなおすのかという視点が必要となり，市場を地域ごとに分けてそれぞれに的確な戦略を立てていく考え方である。

　アプローチ2（地域からナショナルへ）：企業が自分たちの地域の価値を最大限活かし，その価値を高め全国的にブランド化し，市場を拡大していくアプローチである。地域に基盤をおく企業には，その土地の価値を十分に高めながらのマーケティング活動が重要な課題となる。その土地でしか採れない産品，その土地の地の利を生かした生産方法，その土地の歴史的産物，その土地の文化的背景・自然的条件がなければ存在しない商品など，それぞれの地域の価値を商品化したものを，マーケティン手法を活かしながらどのように市場機会を広げていくかということを検討するものである。

　アプローチ3（地域の中に深く）：地元に根づいた企業，特に流通業がその地元で営業を行っていく際に地域の消費者に合わせたマーケティングや営業活動を行っていく。特に製品戦略が大きなウエイトを占め，製品計画，マーチャンダイジングを各地域に合わせてきめの細かい対応を行うものである。

　これらのエリア・マーケティングのアプローチから検討するにあたり，農泊の視点は地域の価値を発見しその価値を高めていくアプローチ2を出発点として論を進める。

　先行研究からの示唆を検討するに山村高淑および三浦俊彦は今後の農泊を考えるうえで取り入れなくてはならない重要な指摘を示している。筆者は世界遺産などのマーケティング戦略を研究してきたが，そこには大きな課題が浮上していた。エリア・マーケティングの観点からすれば，地域の価値を探すというアプローチ2においては，「集積地」の考え方，有名な地域価値はわかりやすい戦略ではあった。しかし，「何もないところなのですよ」の言葉に代表されるような日本の多くの地域にとって，何を地域資産にしたらよいのかは長年悩ましい問題であったのである。著名な文化や歴史，自然価値が存在する地域はそれを基にしたマーケティング戦略はスタート地点では他地域よりはスムーズ

な出発が可能であった。なぜならばマーケティング戦略における商品戦略の
ファーストステップが踏みやすいからである。「何もないところなのですよ」，
と地元の人が言う意味は現在多くの人々にとっての商品価値が探し出されてい
なかった，あるいは探し出されていない状況を示している。

　上記を踏まえ，この論文においてはアプローチ2の発展形として集積地戦略
ではなく，「集散地戦略」および「行為させて理解させる戦略」からの示唆を
受けて新たなアプローチ2の構築を目指す。何もないところから何を価値とし
て認めそれを創り上げていくのか，これを「地域価値の発見と創造」と「地域
価値の育成（マーケティング戦略）」の2つの提示からエリア・マーケティング
の論点を整理したい。

　一つ目の提示は「地域価値の発見と創造」である。集積地戦略で山村が指摘
しているように，どれだけ文化資源を所有できるか，その土地にストックでき
るか，という文化財などをもともと多く有する地域を対象とするのではなく，
農山漁村地域では何を自分たちの新しい価値としてとらえたらよいのかで，先
ずは課題が浮かび上がる。当該地で当たり前の風景，当たり前の生活が，都市
で暮らしている人々や青少年にどれだけ価値があるものなのかの視点を持つこ
とはなかなか困難である。一方で，その丁寧な生活様式や生活文化は長年かけ
て地域を創り上げてきた日本の農村の基本的な文化・風習を含み，それらを体
験していない人々にとっては大変に価値のあるものもある。それらをマーケ
ティングからの視野で，整理し組み立てていくことができれば，新しい価値の
発見となり価値の創造につながる。

　二つ目は，「地域価値の育成（マーケティング戦略）」である。新しい地域価値
を発見した後は，その価値を育成しつなげていかなくてはならない。一過性の
もので終わらせるのではなく，それらをいかに持続的に育てていくのかの検討
が求められる。それには地域ぐるみでの取り組みが必要となる。また，個人の
力では難しいと思われることを組織の力で後押ししていくことも必須である。
それらの組織の構成，資金，発信力などが重要な課題となる。育成にあたって
はエリア・マーケティングの戦略からの組み立てを行う。

　以上の2つの観点を基にして，エリア・マーケティングが地域の資産を発掘し育てていくその一翼を担う役割に貢献することを試みる。

第5節　事　　例

1　大分県安心院

(1)　安心院の概要

　安心院は九州・大分県宇佐市に存在する人口6,360人（2015年10月1日現在），面積147.17k㎡の小さな集落である（2005年に宇佐市，院内町と新設合併し，宇佐市になる）。従前から主な収入源は米，ブドウ，ゆずなどの農産物であり，豊かな田園風景が広がる。観光資源は宇佐神宮があるが安心院集落から当該地までは車で約20分要し，それ以外の観光資源は鏝絵（こてえ　漆喰を用いて作られ，左官職人が豪商の家の壁などにほどこしたレリーフ）や滝，などでさほど著名なものはない。大分県の著名温泉地の別府や湯布院までは車で30分前後の距離であるが，それらと連携した観光施設などはあまり見られない地区である。

(2)　地域価値の発見と創造[42]

　安心院の地域価値の創造は1．住民主導，特に女性中心，2．農家から農村に視点を拡げ，単なる民宿からの脱却を図った，3．心の交流をコンセプトにする，が主軸となる。

　1993年：「アグリツーリズム研究会」の発足

　立ち上げの計画は1992年より在り，もともとは農家で集まって観光農園や直売所などの調査を行うということで集会が開かれたことがきっかけとなる。他地区は行政主導であるところがほとんどであったが，安心院は住民主導であった。1993年当時は現在のコンセプトとは異なる観点であった。

　1994年：農村漁村余暇法（グリーン・ツーリズム法）[43]制定

　1996年：「安心院グリーンツーリズム研究会」発足

　3月28日に，1993年の研究会の観点とは異なり，農家から農村にフィールドを広げていこう，アグリからグリーンにしていこうという目的を持ち「安心院

グリーンツーリズム研究会」が改称して8軒の有志で再発足された。農家＋多様なフィールドを持った有志にこの観点を広げて集まることとなる。安心院はもともとブドウを国の指定産業の補助を受けて産業を興してきた。そのもともとのブドウの街，ブドウの灯を消すまいということになる。安心院のグリーン・ツーリズムは農業政策であり，周辺地域の過疎対策という認識で，農業だけでは生活できない場合に，それを補うための副業としてのものという考え方である[44]。

1996年9月：イベント開催

ワイン祭りの後，農家に泊まっていただくという催しをし，宿泊料を頂いて農家の収入を得るということを行った。宿泊を農家の収入にするということで，一部の農家には農家も落ちぶれたものだ，泊まらせてお金をとるのか，など心理的な抵抗もあった。簡易宿所のカテゴリーの中でやっていくことになる。

1996年11月：海外研修

ドイツのミュールハイム，ヴァイルティンゲンなどを訪ねて研修会を行った。そこで「この町はグリーン・ツーリズム以外の産業，収入はありますか？」と質問したところ「100パーセントである。他に答えがありますか？」という答えを町長からいただく。グリーン・ツーリズムに関わるということには何の疑問もない，というドイツの農村の意識を見聞し改めて安心院はこのツーリズムに関わる意識が高まる。

2000年：教育旅行開始

大分市の大分商業高校が総勢80名を4回に分けて来訪した。その後北九州の中学生，大阪の学校などに広がっていく。これまでは一般消費者をターゲットにしていたがその形態は全国で初めてということもあり消費者にも農家にも浸透しなかった。そのためにターゲットを教育旅行・生徒に拡大する。イギリス，イタリア，ドイツなどは一般消費者に向けて一泊朝食付き，料金は安く，ワインやハムなどを作っている農家が主な提供者である。しかし，日本では専業農家に消費者を泊めることは知られておらず，なかなか普及しなかった。数少ない一般客は大学教員あるいは農家に関心がある会社員であった。そのような状

況から一般消費者というよりは教育旅行を拡大し，安定的な顧客を確保することとなる[45]。

2002年3月28日：グリーン・ツーリズムの法律改正

　安心院グリーンツーリズム研究会開始より6年間は法律的にはグレーゾーンであり，それ以前の旅館営業法の4種類の許可を取らなくてはならなかったが，大分県の条例「3.28グリーン・ツーリズム」の通知がなされ規制が緩和される。以前の法律の簡易宿泊所33㎡（6畳，8畳，8畳くらい）に当てはめて大分県の条例が作られる。食品衛生法（お客様用の別のキッチンではなく，お客様との協同調理という意味）で許可が下りることとなり，客専用の調理場は必ずしも必要なくなった。以前の法律では農家ではお金をいただくには厳しい条件が多かった（例えば自宅で調理をしてそれを出すということ）が，この法律が国から県に降りてきたことによって可能性が格段に広がる。

　6年間は法律との兼ね合いで不安定な状況でもあったが，街づくりイベントは行っていた。地元の旅館や民宿とのトラブルは何としても避けなければそこで終わってしまう。そこで考えたのがB&B方式で，夕食は地元の旅館や食堂で食していただくことにした。町内には旅館でもスッポン料理などを食べさせてくれるところや食堂がある。これは平松知事の一品一村運動の体制のときでもあり，グリーン・ツーリズムの日本発祥の地でもあったので，その後押しもあった。この規制緩和もあり，安心院から大分県全域「大分グリーン・ツーリズム」へこの運動が拡大される。

2003年：「農泊」の商標登録取得

　農泊とは農村民泊の略であり，グリーン・ツーリズムの中心を成すものである。都市等の人々が農家及び民家に泊まり体験や食事を通じ「心の交流」を深め，人が人を呼び，農産物の直売等を含む各産業を循環させる新しい経済流通の源となっている。農村で暮らす1軒1軒の足腰を強くすることを原点とし，担い手の主役は女性である[46]。

2004年：事務局稼働

　それ以降は2か月に1度の頻度で定例会を行い町内だけではなく町外からも

関心のある方々が集まって研修を行っている。

(3)　地域価値の育成（マーケティング的視点）

　安心院の地域価値の育成には，心の交流を商品コンセプトの主軸として置き，さらに絶え間ないアイデア発案と持続性がテーマとなっている。

　2019年3月現在60軒の農家が参加し，2018年の受入数は延べ8,916人（前年比1,639人増）[47]，一農家の受け入れは多いところで年間300名くらいであるが，あくまでも副業という位置づけである。農家を守る，農地を守る，ここが基本で民宿とは異なることを掲げている。ピークは5，6，7月と9，10月である。修学旅行で農泊を実施している学校は全国で約5％であるが，安心院の客先は，近年は8割が中学生であり，会の趣旨は体験学習である。残り2割が一般客である。一般客の中の8割は国内客，2割が海外客で台湾，韓国が主である。イタリア，オランダ，ドバイなどボーイスカウトなどの客もあり，ネットで調べての訪問である。国内客は横ばいなので，インバウンドとして海外客を誘致していこうとはしている。

　実践者，リーダー，住民の理解者，行政，これがすべてそろって継続されてきた。グリーン・ツーリズムを全国に広げていきたい，という願いもあり安心院だけでやっていても限界があるので，ここでの話は包み隠さず日本全国の人々に情報発信を心がけている。国が民泊関連で予算を組んでやってはいるのであるが，どちらかというと古民家再生とか都市民泊などの宿増やし的な感覚がある。これはオリンピックに合わせてのインバウンド観光の流れがあるためとも思われる。国としては前述した観点が強いのでそこは違うということを訴えかけていきたい，そこの相違点を再度検討してきたい，という意向がある。

①　ターゲット

　安心院の訪客者は8割が教育旅行，2割が一般消費者でその中でも研修（韓国が多い，台湾，タイなどもある）が多い。教育旅行は2000年大分商業高校が始まりで，高校生の心のケアの授業の一環である。今は大阪，京都，広島の修学旅行が多く，あとは北九州の体験旅行で年間30校から40校でリピーターが多い。一番長い学校は13回目である。長崎などは体験を別の業者などに頼み，宿泊の

みを受けるというやり方であるが，安心院は2泊3日を基本にして農家との交流を密にしている。教育旅行で来訪した生徒が後日家族などでやってくることもある。

　現時点では安定収入という意味でも高校生や中学生の団体がメインになっている。

　② 商　　品

　提供される商品は農家での宿泊と体験である。農家での家庭料理と親戚を迎え入れるような温かいもてなし，および農業に関する体験が主な提供価値となっている。料理は家庭で作る夕食＋1品で始まった。生もの料理やBBQは行わない。安心院では入浴は各集落などにある温泉に連れていき，家庭のお風呂は使用しない[48]。

　イベント会場は「農村BASE」というぶどう農園と隣接したコンセプトスペースがあり，体験プログラムなどを行っている。教育旅行ではバリエーションとして小グループでの行動だけではなく，全体でのBBQもある。

　③ プロモーション

　マスコミの取材も多数あり，口コミとパブリシティが主な手段で，自らはほとんどコストをかけてはいない。プロモーションと商品化の合体では，初期では「JR九州農泊商品化」があった。旅行プランは「こころの里」1泊2日で16,000円から26,100円で発売し，農泊は安心院町，漁業体験は蒲江町など4コースを設けたがさほど浸透はしてこなかった。2019年にはJR九州は熊本県人吉市で人吉市内にあるJR肥薩線の矢岳駅の旧駅長官舎を改修し，2019年4月に宿泊施設がオープンする予定である[49]。

　国外観光客へのプロモーションはツールがいまだに少ない。現時点ではあくまでも口コミに頼っている。SNSのブログやツイッター等でのデジタルな口コミはあまりない。その状況を受けて，株式会社観光バンク[50]は月額3万円までの情報発信サイトなどの提供を開始した。これはインバウンドの観光客向けである。

④　価　　　格

価格設定は１泊２食大人7,800円，小学生以下6,300円，１泊朝食のみ大人
5,800円，小学生以下4,300円，農村・農業体験1,700円からである。(2019年3
月までは１泊２食大人6,800円，１泊２食体験付きで8,950円であったが価格改定した)。
収入は多いところで年間350万円，平均120万円である。

⑤　チ　ャ　ネ　ル

チャネルは特に設けていない。高校などは継続的な顧客となっているため，
旅行社とのチャネルはごく限定的である。一般客は口コミ，インターネットな
どになっている。

⑥　担　い　手

女性をメインに据えている。名刺のデザインではさまざまな意味を込めて，
１．ドイツのワイングラス，２．麦わら帽子（農家）ここにはピンクのリボン
がかかっているが，それは女性を意味している。３．ブドウ，を掲げている。
女性の力はグリーン・ツーリズムには大変重要であり，料理や清潔な掃除など
男性ではできないことも多い[51]。教育旅行における約束事の第１番目に①女
性名義とする，というのもそこの意味が深い。実際には女性１人では大変では
あるが登録はできるし，Ｉターンもある。

⑦　安心院の特徴

安心院は農泊の先駆けの地域であり，伝統があるが革新性も持ち合わせてい
る。その特徴の一つは女性を中心にして活動している点である[52]。農家の女
性の新しい生活のあり方を提示した点では大変意義深い。また，近年，教育旅
行のみではなくターゲットを一般化しようと試みている点も挙げられる。

(4)　課　題　点

①　それぞれの農家によっての格差

2019年現在60軒の農家が参加しているがそれぞれにサービスの提供に差があ
る。利益増を目指すのは重要なことではありそれが基本ではあるが，それをど
こで線引きをしていくのかは明確な決まりがなく，会でマニュアルがあるわけ
ではない。そのため各農家に裁量があり格差につながってしまっている。おも

てなしの度合い，清潔さの程度などで顧客の満足度がかなり違うことにもなる。

②　安心院ならではの差異化

安心院はグリーン・ツーリズム発祥の地としてブランドを築きあげてきたが，全国にグリーン・ツーリズムが立ち上がっている。アクセスの良さや施設の多さなど，さまざまな特徴を備えた地区が出るにつれて，安心院ならではの特徴が薄れていると各農家は感じている。何かを変えていかなくてはならない時期にきている。

現在は中学の農泊教育旅行は需要が減少気味と思われる。九州新幹線ができてから人気が鹿児島に移っている感じもある。安心院は発祥の地とは言われているが，それだけでは顧客はこない。何かもう一つの売りがないといけないと感じている。中学生の評判もあまり芳しくなくなっているのかもしれないと感じている。

③　ターゲットの拡大

教育旅行を優先していることもあり，一般客に対してはどうしても予約の取りづらさが目立つ。5，6，7，9，10月の教育旅行シーズンは前年から予約が埋まってしまう。しかし，今後宿泊者を拡大していくには一般客のニーズにどう対応していくのかが課題となる。教育旅行の顧客は安定的な収入のためには必要であるが，バカンス法を提案して一般客を受け入れたいという方向性を示しているのであれば，そのバランスをいかにつけていくのかの検討の必要があろう。

(5)　展　　　望

①　集落全体の活性化

NPO法人安心院町グリーンツーリズム研究会宮田静一会長は，「ゆくゆくは村全体を活性化したいが，現時点ではそこまでは達成できていないかもしれない。」と述べている[53]。農泊を中心としながら6次産業，商工業の活性化を目指している。現在は全体の活性化まではなかなか届いていないため，各所の関係付けが求められている。

② 農泊の一般客への拡大

　都会の民泊と安心院の農泊の違いを打ち出していきたい，と考えている。「安心院は不思議なところだ，と言われてきた。今までは温泉が出るとか立派な観光資源があるかが，旅行者が訪れる主な条件であった。しかし，安心院は純農村である。ここで暮らす人たちが手を取り合って頑張った。次はバカンス法を日本で是非成立させたい。そのための日本農泊連合の発足（2019年3月）である。」[54]

　安心院は現在まで教育旅行が中心であった。しかし，そのマーケットがほとんど変化が無い状況で今後の展開を検討していく中で，一般客への拡大を検討し始めている。バカンス法成立の後援もその一貫であるが，どのように異なるターゲットに対して商品構成を作っていくのかは検討段階である。

2　沖縄県宮古島

(1)　宮古島市の概要

　沖縄本島から南西約300キロに位置する離島で，人口は51,392人（2019年4月現在）である。宮古列島の宮古島，池間島，大神島，来間島，伊良部島，下地島の島々から成り，大神島を除いては橋で宮古島とつながっている。亜熱帯海洋性気候で1年中温暖で主な産業は農畜産業，漁業，観光業である。飛行機で東京から約3時間，大阪から約2時間20分，沖縄本島から50分の距離にある。2015年に伊良部大橋が開通し下地島空港も2019年3月30日から成田便の定期運航が始まり今後も拡大される予定で，近年観光開発が急速に進んでいる。

(2)　地域価値の発見と創造

　宮古島では現在「宮古島さるかの里」と「宮古島観光協会」と2つの取りまとめ団体がある。農家の困窮からの脱出が出発点で，その後は青少年教育と農家の収入増を農泊に結びつけたところに当該地域の地域価値創造の源がある。

① 宮古島さるかの里[55]

　宮古島市合併（2005年）前の城辺町（ぐすくべちょう）（島の東部に位置する）のときにこの近辺の農業だけでは生活が苦しい（農業取れ高は低い，後継者不足，高齢化），東平安

名岬は観光客が来るけれど波及効果が少ない，ゴミばかり落とす，などから農業と観光の合同事業などで何かできないかと模索していた。

2004年：ファームステイ開始

ふるさと支援事業講習会に参加し，ふるさとづくり支援事業の中でグリーン・ツーリズムを勉強し，安心院や馬路村などにも視察・研究を行う。沖縄では伊江島（年間約2万人）が2003年から行っていて先駆者であったので研修に赴く。宮古島ではファームステイという形で立ち上がる。当初は体験だけを受けていたが，そのうちに宿泊も受け付ける農家を探して宿泊と体験と行うようになる。

2005年：「さるかの会」の設立

城辺町が合併され，「さるかの会」研究会が設立される。

2006年：1校目受け入れ

初めて生徒を受け入れる。31軒の農家で大阪府立大冠高校260名の生徒を迎え，これをスタートとして毎年約20校から6,000名前後の生徒を受け入れている。

2010年：施設拡充

宿泊施設2棟，体験施設4棟が完成する。

2014年：合同会社「宮古島さるかの里」設立

「さるかの会」の松原代表はいったん辞表を出し「さるかの会」を整理し，2013年から「宮古島さるかの里」として再出発することとなる。現在では城辺地区のみではなく宮古島全体に拡大している。

② 宮古島観光協会

宮古島観光協会が主催する農家民泊は2011年に開始された。さるかの会が1校目を受け入れてから5年後になる。宮古島さるかの里と宮古島観光協会は受け入れ人数に関して年によって入れ替わりはあるがおおよそ半々の推移である。ピークは2014年度で，宮古島全体で11,859人であるが，2018年度には9,685人でありここ数年は減少傾向にある[56]。

宮古島さるかの里と宮古島観光協会では，ターゲット，商品構成はほとんど

違いがなく価格に関しても500円程度でほとんど差が無い。差異点としては宮古島さるかの里が直接民家と契約しているのに対し，宮古島観光協会は地域のコーディネーターを介して民家と契約を行っている，といった点で，消費者からは明確な違いは見えてこない。

(3)　地域価値の育成（マーケティング的視点）

当初は農家への収入増が目的ではあったが，教育への情熱や子供たちとの交流に重きをおき，着実にその地域価値を積み重ねていることが宮古島の特徴となっている。

収入：農泊は月に手取りが約20万円になり大きな副収入となる。さとうきびは1年半で収穫し，葉タバコは12月種まき1月植え付けであり，10，11，12，1月が農作業の集中時期である。教育旅行のシーズンは4，6，9，10，11，12月であり[57]，農作業と少々重なる時期もあるが，農泊を行っている農家はそれらを両立している。修学旅行生を受け入れて約20年経ち，最近は漁業兼業農家の農泊需要が高まってきている。

収入と教育への思い：宮古島さるかの里の松原代表は「最初の思いは副収入があればいい，ということであったが現在はそれとは別の思い，子供への愛情がある。以前は保育所を行っていたが，両立は難しいのでこれ一本にし，地域の潤いと子供たちの教育の思いの両方が存在している。」と述べている。一農家がミスすると民泊は全体に影響が及ぶので注意を怠らないように気を付けている。学校の先生方には各農家への巡回は勧めていない。その時間は農家にまかせて，「農家に合わせます」これが一番基本と考えている。さらには，緊急連絡体制があって学校，旅行会社，宮古島さるかの里，支部長，受け入れ農家，病院を連携させている。

登録農家：宮古島さるかの里は90数件が許可を取っている。9支部があって支部長がとりまとめている。観光協会は2011年には60軒であった農家は120軒くらいの登録者がある。実働は70軒くらいである。

①　ターゲット

沖縄県外高校生の修学旅行が9割で，残り1割は一般の消費者である。最初

は団塊の世代を考えたが，高校生を受け入れてそれが一斉に拡大し学生を主な
顧客とすることとなった。当初は旅行社がチャネルであり，安定した関係を作
れたためリピーターも確実についた。

　高校は20校から25校が平均的な受け入れ校で，ピーク時は35校を受け入れて
いたが，これは多忙すぎて会も農家も手一杯になり減らす方向とした。

② 　商　　　品

　宮古島の民家に宿泊し，農業体験，郷土料理体験，農村・海岸散策，観光地
巡り，民家の生活体験を行う。高付加価値農産物の生産（野菜，果物など），自
然資源（海，空など），宮古島の文化資源，など独自の価値物を商品として構成
している。修学旅行の平均的な宿泊数は２泊から３泊で，その中でホテルに１
泊・農家２泊，あるいはホテルに２泊・農家１泊などの組み合わせがある。食
事は全農家がソーキ汁（冠婚葬祭には必ず出す，昆布だしの料理）を提供し，その
他の食事は各農家が自由に考える。BBQとカレーはホテルで出されるので一
切禁止としている。一農家で５名から６名のグループ，多いときは７名という
のもある。小さな農家では４名の収容人数で迎えている。

　今後の商品構成としては，子供たちから空が広い，暗闇がすごい，地球が丸
い，など新たな気づきをもらえたため，その地域価値を商品として考えている。
さらに体験を通して再訪したい，移住したいなどにつながることも重要と考え
ている。帰るときは「行ってらっしゃい」と送り出している。農家によって平
等はないのでそれも含めて出会いを大事にして体験してほしいと考えている。
観光「業」になってはいけないと思っており，教育や触れ合いを重視している。
子供それぞれを比べることはせず初めての気持ちで受け入れるようにしている。

③ 　プロモーション

　宮古島観光協会では，８月と12月にコンベンションビューローで修学旅行
フェアを開催し，都会の学校に情報提供を行っている。宮古島さるかの里では，
特別なプロモーションは行っていない。

④ 　価　　　格

　14時から翌日の13時まで，１泊３食9,500円（税込），体験料・食材費は含ま

れる。

14時から翌々日の10時まで２泊５食18,000円（税込）体験料・食材費は含まれる。体験ビジットプログラムとして体験４時間のみは，昼食付4,000円（税込），夕食付5,000円（税込）体験料・食材費は含まれる。

さるかの里は2018年度までは観光協会より安価であった。2019年度以降に関しては500円高くなったが，さほどの差はない。

⑤　チャネル

最初は旅行代理店がチャネルであったが，最近は一度訪問してくれた学校や生徒での口コミでのチャネルが主となっている。予算の関係もあって積極的に営業活動は行っては来なかった。リピーターがその後のつながりを作っている状況である。

⑥　担い手

女性１名というところもあるが，夫婦２名で行っている農家が多い。砂川寛裕家[58]は2008年から参画している。農業が本業でトマト・ピーマン・ナス・インゲンが主産品である。きっかけはPTAの役員をしていたこともあり研修生の受け入れなどをしていたので下地ができていた。宮古島さるかの里への参画はスムーズであり自宅の部屋が空いていて特別な投資も必要が無かったので，いつ辞めてもいいと思って参画し現在に至る。収入に対しての農泊の割合は10分の１，１年間約100万円で，季節は冬の航空チケット代が安い12，１，２月がピークとなる。主な受け入れは高校生で，一般消費者の受け入れ態勢はあまり無い。

⑦　宮古島の特徴

他地域との違いはあまり意識していない。安心院に研修に行ったときに素朴で質素なので特に農家をリフォームするとかではなく，普通の状態でいいのではないかということが確認できた。

(4)　課　題　点

①　ターゲットの確実な確保と拡大

リピーターは確保しているが，2011年より受入数が減少傾向にある。また，

教育旅行というのは来島する時期に偏りがある現状の中，リピーターの確保に関しては来訪者の組織化を検討している。受け入れ側からのプロモーションという形式ではなく，来訪者からの情報発信を行っていただき，来訪者同士のコミュニケーション，来訪者と受け入れ側のコミュニケーションの二方向を育てることを考えている。

受入数減少および教育旅行の季節的偏りに関しては今まであまり積極的ではなかった「大人の農泊」やバリアフリーの整備を検討する動きがある。宮古島の修学旅行客は停滞傾向にあるが一般観光客が増加傾向にあり，さらにさるかの里の会員数（農家の数）は増加傾向に推移している。しかし，会員の高齢化や農作業とのバランスなどにより，会員の中では「大人の農泊」受け入れに対して肯定的・否定的がほぼ半数となっており，会員の意向とは必ずしも一致はしていない。また，非会員は農泊自体を今後も実施する意向が無い農家が80%と高い。そのため，1．大人の農泊に関しては不安の払しょくのためにもルールの明確化と体験メニューの考案，2．農泊事業を拡大していくためにも非会員に関しては農泊に前向きな農家への勧誘，が引き続き必要である[59]。バリアフリーの施設および農家の確保と整備に関しては，徐々に進めており受け入れも始まっている。

② クレーム対応

修学旅行というのは自分を見つめ直す良い体験となっているが，農泊自体のやり方が難しくなっていることも事実ではある。最近は虫のクレーム（アリがいるなど）も多い。お客様として受け入れているのではなく，家族として受け入れているので，ボディタッチ（がんばれよという肩をたたくなど）や注意などもするが，そうするとセクハラとかパワハラと感じる子供もいる。しかし，腫れ物に触ると言うことではなく接しようとは努力している。受け入れ農家の意識の統一を図ることからも，研究会の定期開催を継続する必要はある。

③ 宮古島の観光開発との関係

伊良部大橋が出来てからホテル・リゾート施設建設ラッシュがあり，住民さえもアパートが足りない状況である。行政は人数だけをはじき出して観光業で

成功しているという感がある。クルーズ船も入ってきているが，観光客は予想していたよりは島内で消費をしていない。入込客は多くなってはいるが，果たしてそれが宮古島全体の活性化につながっているのか，というとそうではないので，対策が必要である。

(5)　展　　望

①　沖縄県全体への波及効果

行政のソフト事業などがいくつかあったがあまり成果につながっていない。さるかの里は当初は観光協会に声をかけてみたが，最初は全然乗り気ではなかった経緯もある。現在はそれぞれが別組織で教育旅行に力を入れていて，現状宮古島では2本立てのような状況である。宮古島の農泊もネットワークを作り基盤をしっかりしたうえで，他の離島などとの連携もはかり，沖縄全体の農泊を確実なものにしていきたいという構想がある。

②　「大人の農泊」への拡大

教育旅行が頭打ちの状況もある中で，一般消費者へのターゲット拡大も視野には入れている。しかし，大人の農泊というのは，一般の宮古島観光と何が違うのかの棲み分けがまだはっきりしてはいない。宮古島はもともとホテルや民宿等，観光に則した施設が存在する中でどのように一般消費者に魅力を創造していくのか。

また，現在，農泊を行っている農家の反応がそれを行うことへの賛成と反対とが半々のような状況の中で，その意向をいかに整理しながら進めていくのか，などの検討が求められよう。

3　岩手県遠野

(1)　遠野の概要

岩手県遠野市の人口は26,110人（2019年6月現在），市の基幹産業は農業であり，人口は減少傾向にある。岩手県南東部に位置し，盆地気候である。城下町で歴史は古く，特に遠野を有名にしたのは柳田國男の『遠野物語』である。観光施設としては，遠野ふるさと村（山里の暮らしの体感），遠野市立博物館（遠野

物語・遠野の暮らしの展示など），とおの物語の館（資料や劇場），伝承園（生活様式の再現），遠野城下町資料館（生活用品や刀，兜などの展示）がある。毎年9月には「遠野まつり」が開催され賑わう。

　1970年代からは『遠野物語』ファンの中高年の特に女性の観光客が多く年間約20万人の観光客があったが，2006年には約60万人とはなった[60]。しかし，『遠野物語』のファン層の高齢化が進むとともにそれだけでの観光客誘致には行き詰まり感が見られた。また，人口減少や大型店閉鎖等々の局面を迎えるなど，地方都市における難局もあり，街全体の活性化再検討を行うことになり多方面から計画・行動がなされている。

(2)　地域価値の発見と創造

　遠野は『遠野物語』などの民族学的な観光地として以前から根強いファンがいた地域ではあるが，徐々に観光客が減少傾向にあった。そのような状況下，総合的に遠野を創り上げていこうということで地域価値の発見と創造に取り組むことになる。遠野の農泊はそれ単独で考えるのではなく，遠野の街全体の基盤づくりの一翼としてとらえられている。都会と地方のアンバランスなひずみを直し，双方をバランスよく成長させたいという目標があり，都会の消費者を喜ばせるのと同時に，遠野の住民の満足度を高めていくということで程よい関係性を作ることを目的としている。

1993年：農家民宿への胎動

　現在のリーダーの一人である菊池新一NPO法人「遠野　山・里・暮らしネットワーク」現会長はその当時遠野市役所の営農振興課に勤務していた。1992年に農林水産省がグリーン・ツーリズムを提唱したのにともない，農泊を行うにはいくつもの規制があるため遠野でどのように行うかの検討が開始される。当時の遠野は転作の課題もあり，認定農家，大規模農家を作ろうという動きが市役所と住民の間であり，それとの兼ね合いも議論していた。

1995年：「遠野グリーン・ツーリズム研究会」立ち上げ

　農家民宿の開始を唱える人々などを含めて「遠野グリーン・ツーリズム研究会」が立ち上がり，数名でヨーロッパに研修に出かける。遠野市役所は市民と

の関係が良好で，皆同じ仲間として遠野を盛り立てていこうという協力体制ができた。男女比はほぼ半々，地元出身者とＩターンの人も半々ほど，年齢もさまざまであり多方面の背景を持ち寄った研究会となった[61]。

1998年：道の駅「遠野風の丘」の開業

中心市街地が全国的にどんどん疲弊していく中で，道の駅を造り遠野の魅力発信を行う。菊池新一現会長が中心となり，遠野を豊かにしていくことを総合的に計画する。目的は遠野を元気にしていこうということで，それをぶらさないように，遠野を一体化して考えることにする。道の駅は当初の予想をはるかに上回る集客があった。

2002年：ショッピングセンター「とぴあ」開業

1989年に開業した遠野のスーパー・ニチイが閉店し，中心市街地の大型スーパーが無くなるが，ショッピングセンター「とぴあ」が同年2002年に再構成され開業する。「とぴあ」は売り場ではなく「買い場」にしようというコンセプトで産直のスーパーということで立ち上がる。「買い場」というのは，消費者が数ある店舗から選んで買う場所，店舗の人々も売ることは素人に近いが買うこと（お客として）はプロなので買う立場で考えよう，ということで店舗同士がバッティングし合って磨き合っていくという意味を含んでいる。

2003年：NPO法人「遠野　山・里・暮らしネットワーク」設立

この法人は以下のことを目的とし，総合的な観点から遠野を豊かな街にしていこうとするものである。「遠野市を主たるフィールドとして，地域資源を生かした都市住民との交流の深化と移住の促進（以下「ツーリズム」とう。），伝統文化・芸能・技術・技芸（以下「アート」という。）の伝承と進化・応用，里地・里山における循環的な生活スタイル（以下「ライフ」という。）の再興と実践等に関する事業を行うことにより，社会全体の利益の増進に寄与することを目的とする。」[62]農泊は，肩ひじを張らずに無理をしないで自然体でいくこととする。

2005年：遠野ドライビングスクールとの共同事業

ドライビングスクールが生徒数減少で閉じる危機に面したため，NPO法人

「遠野　山・里・暮らしネットワーク」と協力して農泊3泊程度を含めながらの合宿免許コースを企画する。価格は予定の組み方にもよるが，他の合宿免許とほぼ同じか少し高いくらいである。現在も人気のコースとなっており2019年度は合宿生527人（前年比＋86人），内グリーン・ツーリズム体験者169人（＋45人），内農泊体験者13人（±ゼロ）となっている[63]。

(3)　地域価値の育成（マーケティング的視点）

遠野は各農泊施設で「差」がつくのが面白いというポリシーがある。一般的に商品を生産するときには「差」がつくことを避けるために標準化がなされる。しかし，遠野は各宿泊施設が各々異なるので，違いを認めて消費者はそれを楽しんで欲しいという思いを込めている。

①　ターゲット

2018年度では以下の実績となっている。農村民泊体験者数延べ1,068人（前年比▲293人）内外国人94人（＋17人），内体験型教育旅行14校（大学ゼミ含む）生徒数述べ735人（▲141人）[64]インバウンドが入ってきたのは2018年頃である。

一般消費者は2018年の宿泊客が333人である。教育旅行は大学生も含まれており，他の地域でよく行われている中高生の教育旅行は積極的には受け入れていない。教育旅行はかなり絞った形で行っており，農泊の農家が疲弊しないことを考えている。

②　商　　品

農泊は人の暮らしを見せている，という概念が浸透しておりそれぞれのやり方を尊重していて，全体のマニュアルやしばりがほとんどない。各農家の裁量をとても重んじている。農泊は消費者にサービスしているということではなく，各家それぞれの生き方をお見せしている。

農泊の単体での一般消費者誘致というよりも，遠野の場合には総合的な観光で商品構成を創り上げようとしている。もともと遠野は『遠野物語』やかっぱ伝説などで，昭和から平成中頃では女性を中心とした観光客が多い地域ではあった。現在は農泊と組み合わせての取り組みが行われている。現在取り組ん

でいるのは「旅の産地直売所」65）という中心商店街との協力プロジェクトである。農泊と商店街が仲間としてやっていくということで，旅人が商店街を徒歩で周遊していただき街全体の魅力を押し出そうとしている。

　遠野は一般的な教育旅行を中心とした農泊とは異なる方針を持っており，これは遠野が持っている総合的な地域価値をつむいで活かしていくということになる。

　③　プロモーション

　インターネットでの発信はHPなどを中心に行っている。2019年9月の「遠野旅の産地直売所」オープン後は，さらにネットコンテンツを充実させて情報の相互連携を図っている。ネットでの口コミを見て到来することも多く，インバウンドの消費者も増加しているため，多言語で発信を心がけている。

　個々の農家の活動にもなるが，新聞，テレビ，雑誌，地元の高校訪問（教室開催など）も地道に継続している。

　④　価　　　格

　一般消費者に良品質なものを丁寧に提供しているため，あまり安くはしない。標準化を行い，価格を安くするということによって差が出ることを認めないのではなく，それぞれがこのようなおもてなしを行っているのでこのようにコストがかかる，その結果のこの価格になるという価格設定である。一般消費者一泊8,222円（税込）〜15,180円（税込），教育旅行の場合には1泊3食まで8,000円（税別），日中のみは4,000円（税別）である。各農家の1か月の収入は，約10万円である。

　⑤　チャネル

　旅行代理店もチャネルの一つとはしているが，HPなどインターネットでのチャネルおよび口コミが中心となる。一般客においてはネットでは農泊ネットhttps://nohaku.net/，認定NPO法人遠野　山・里・暮らしネットワークhttp://www.tonotv.com/members/yamasatonet/，遠野市観光協会公式サイトhttps://tonojikan.jp/，ステイジャパンhttps://stayjapan.com/および，各農泊施設の独自のHPを持っているところもある。遠野　山・里・暮らしネットワークおよ

び農泊ネットのサイトではリピーターの予約が多い。パブリシティとしてテレビ放映がされると反響は大きい。

⑥　担　い　手

　遠野民泊協会には136軒の登録（2018年度）があるが，さまざまなサービスを行っている。基本的には夫婦が一単位となって行っている。地元の人はもちろん，Ｉターンの移住の方などもいて，バラエティ豊かな担い手が育っている。それぞれの違いを楽しんでいただいている。

　アグリツーリズモ大森家（2015年創業）では農業は主にご主人，農泊は主には奥様が担っている。農泊時の農業体験を行うときにはご主人が担当する。（最大８人とし，異なるグループも泊める，２部屋あり）[66]。Ｉターンのつくしファーム（2018年創業）は，宿泊，農業，ドッグトレーナー，狩猟の４本柱で，宿泊及び農業は夫婦で行う。さまざまな生徒や宿泊者が来訪するので苦労もあるが，何よりも人との出会いがあることに満足している[67]。

⑦　遠野の特徴

　遠野では農泊は「体感」である，ととらえている。そのときどきの遠野の暮らしを感じていただく，体験するのではなく体感していただく，という考えを持っている。Ｉターンの方々もいらっしゃるがその方々は遠野の農的暮らしを自分たちで創り上げていっていただきたいという思いがある。自分たちの暮らしが収入の面，および精神面で豊かになり，自分たちの暮らしを都会の人々に見ていただくということでやっている。無理をして継続できないことにならないように，教育旅行は受け入れてはいるがセーブして週１校のみとしている。自分たちの時間を費やして疲弊してしまうことはなるべく避けている。

　グリーン・ツーリズムだけが先行して，これにさえしっかり取り組めば，村は元気になるというものでもない。もともとの農業がしっかりとした経営で，その副収入としてのグリーン・ツーリズムによる収入が大事と言われつづけている。そのことにすべてをかける，体験を重視するということがないように注視しながら行っている[68]。

　遠野は伝統的な文化を守り伝承していく姿勢がある一方で，新しいことを検

討してそれを地域の人々で共有しながら進めていこうというチャレンジ精神がある。最近取り組み始めた「旅の産地直売所」プロジェクトも新規の試みであり，それが今後どのように展開してくのかは興味深い。

(4) 課　題　点

① コロナ禍

遠野に限定されているわけではないが，2020年度においては予約のキャンセルが相次いだ。遠野は2～3月に予定していた大学生グループなどの個人民泊11組33人のうち3組7人がキャンセルした。基本的には宿泊希望を断らないスタンスではあるが，今後はケースバイケースの対応が増えると予想している。利用する側，受け入れる側の安全を確保する指針を国や県に示して欲しいと菊池新一会長は訴えている[69]。

政府と自治体と各農家のそれぞれの意見調整や法整備など，大きな変化が見込まれるだけに早めの指針と状況変化への対応力が必要である。農泊は，人と人との関りが強く，そのコミュニケーションが魅力の一つになるだけに，この問題の解決は慎重な対応が求められる。

② 標準化との相違

青木辰司は，西欧に学ぶべきものの一つとして，グリーン・ツーリズム実践の質の確保を説いている。フランスのジット・ド・フランス全国同盟のように厳しい品質管理（寝室浴室トイレ等の衛生管理をはじめとする，宿泊機能の細項目の点検管理）による等級制度は，全国的な規模で必要である，と述べている[70]。しかし，遠野の場合にはそれを適応することによって多様性がうまく活かされないこともあるのではないか，との疑問も出ており，この等級制度が全国的に広まるか否かは未知数のところもあるが，両者の方向性の調整が必要になろう。

(5) 展　　望

① 新しい魅力の発見

遠野の魅力を引き出すのに今取り組みが始まったのは「高清水の雲海」の紹介である。季節は春と秋，さらにさまざまな天候状態などがあるため常時見ることはできないが，展望台から早朝に素晴らしい雲海が臨める。天空ウエディ

ングという企画も2017年6月に高清水展望台で行われた。大森和子（アグリツーリズモ大森家）は「遠野みらい創りカレッジ」の仲間とともに，未来の姿を描きながらそれを実現するために計画するという方針で，それを着実に根付かせようと行動している[71]。現状のサービスも固めながらも，常に新しい価値を探り形にしていく体制があるので，今後の展開が待たれる。

②　旅の産地直売所

今までのグリーン・ツーリズムというのは農家や民宿に泊まるというものであったが，そこからさらに暮らしを味わうということをしていただきたい。農作物を作るあるいは収穫し料理するということを一緒にしたい。土地の魅力を伝えるとともに，どう考えて生きているのかを感じていただきたい。という理念のもとに2019年9月1日に新たに始まった企画である。

従来のような観光案内所ということではなく，当該地にいらしていただいた方々にその場で旬の街の暮らしを味わっていただくというものである。まちぶら：駅前の商店街などを中心に中心地の商店や商品を楽しむもの，むらたび：山里を訪ねて，豊かな自然と暮らしに触れる，農泊：農家に泊まり農家の素顔を体感する，という大きくは3つの部門があり，ニーズに合わせてオーダーメイドの旅をコーディネイトする。農泊も含めての遠野の総合的な魅力発信につなげる計画である。

第6節　課題と展望

1　ターゲットの拡大と多様性

(1)　ターゲットの拡大

ターゲットの拡大に関しては以前から提言されてはいるが[72]，なかなかその拡大に結び付く決定的な進展はみられていない。農泊を知らず，言葉も聞いたことはない，という割合は高い[73]。前述したように，わが国でのグリーン・ツーリズムは体験型，教育旅行が非常に多く，一般消費者にはあまり広がっていない状況である。

　ターゲットを拡大する動きは2019年３月17日の「未来ある村　日本農泊連合」設立からも読み取れる。この連合の目的は「都市と農村に暮らす者たちが連携し，農村が都市の人々の憩いや休養の場となり，農村で暮らす者たちや若者が本気で取り組める農泊の法整備を目指す」[74] となっており，農村にて心の交流を持って宿泊していただくことで，農村も活きる，都市住民も活きるという関係を作っていくことである。そのためには「バカンス法」の必要性を強くアピールしていくこと，農泊を安定した産業にすることが必要と説いている。

　バカンス法[75] に関しては2003年に大分県議会が全国に先駆けて意見書を国に提出しているが未だに実現できていない。バカンス法は1936年にフランスで導入され，その後1970年にILO 132号条約として採択されたものである。休暇は１年に最低３週間，最低２週間の連続休暇の付与，疾病等による休暇は有給休暇に含めてはならない，などといった内容で現在フランス，ドイツ，イタリア，スペインなど37か国が批准している。日本はいまだにこれには未批准であり，その背景には産業界からの反発があると言われている。

　農村は農作物の生産の場としてだけではなく，心の触れ合いの場としていかにそれをとらえ維持していくのか，若い就農者へ向けての新たな収入源の提示，など，多方面からの検討が必要であり，今後の動きに注目しながらターゲットの拡大を考えるべきであろう。拡大に向けては農泊の認知，体験メニューの見直しが必要になる。

(2)　ターゲットの多様性

教育旅行が伸び悩んでいる状況を鑑みると，ターゲットを拡大し一般客にすることはいずれ必要になろう。その中でもどの層に訴えかけていくのかを検討しなくてはならない。多様性の再考である。

　一般客の中でも「気軽な農村への旅というよりは，今のところ，自分探しの旅であるとか，環境や，農業，食糧の問題に大きな関心を持っているとか，農村の何たるかをさぐるなど，少しハードな思いで農家に滞在する例が多い[76]。」との指摘もある。

　レインは「農村ツーリズムで大切なことは教養のある人たち（educated

market）をターゲットにすることだ。スペシャルな人たちにスペシャルなホリデーを売り込むということでなければならない」，さらに「世界各地のツーリズム地域が競争相手であり，近くの農家や小さな町が競争相手ではないことの認識も大切である，地域住民の協力が肝心でありお互いが張り合うことは避けなければならない」[77]と述べているが，この指摘も意義深い。

　多様性においては，インバウンドの再考，障碍者等も考える可能性も残されている。エリア・マーケティングは地域の価値を自然的，文化的，歴史的，な観点から発見して，それを紡いでいく多様な過程を重視している。そのような観点からも，まずはスペシャルとはどういうことなのか，互いの視点を持ち寄り，それを紡ぎながら高めていく協調性，協力性を基にしながら多様性を検討することが求められる。

2　担い手とリーダー

(1)　農家の高齢化と後継者問題

　農業全体の担い手として高齢化が進んでいる現状がある。さらに農泊の担い手は中高年層の夫婦単位ということが一般的である。その中で，農業を本業としながらも農泊を受け入れていくということは，体力的にも受け入れが徐々に難しくなっている。

　また，事業を今後も継続させるという面においては，後継者問題も抱えている。高齢者の農業従事者ではなく，50代以下の若めの世代に農泊を行うやる気をもたらすためには，物心両面からの魅力の発信が必要となる。情報発信等は誰がどのように行っていくのかも検討していくことになろう。

(2)　リーダー

　グリーン・ツーリズムの受け皿づくりにおいては，地域住民の草の根からの自覚的な取り組み（ボトムアップ），地域の行政，関係団体，農林漁業者，商工業者，地域住民一般の協働（パートナーシップ）による取り組みが必要であり，「ボトムアップ」と「パートナーシップ」がキーワードとなる。さらに取り組みをすすめていくにはその全体構想をまとめ，その実践をコーディネイトして

いく推移主体の確立，地域経営型グリーン・ツーリズムの推進組織が不可欠である[78]。青木はさらに学生とかNPOとかなどの若い力を入れていくことも提示している[79]。

　地域には多様性があり，また多様性を認める土壌も必要である。さまざまな担い手およびそれをまとめるリーダーは地域独自で検討されるべきであり，それを地域は求めている。自治体なのか，強い個人のリーダーなのか，エージェントか，誰がリーダーシップを取ってまとめていくのか。さまざまな選択肢の中から自分たちの地域は担い手は誰か，まとめるリーダーは誰か，その方法はどうするのかを協議しながら進めていくことが必要になろう。

3　関連団体との連携

(1)　Ｊ　　Ａ

　JAは農業の発展という視点から農泊をとらえている。農業就業人口が大幅に減少し，就業者の平均年齢が年々高齢化している中，さまざまな方策を検討している。

　その中の一つとしてグリーン・ツーリズムを取り上げている。JAとしては，一つは農家の副収入，2つとしては新規就農者へ向けて農業の魅力のアピールとして，農泊を現時点ではとらえている[80]。

　また，2019年には株式会社百戦錬磨と戦略的事業パートナーとして農泊事業等を推進することに合意し，包括業務提携契約を締結した[81]。

(2)　農林水産省の視点

　農林水産省としては，農泊推進のあり方検討会を組織して，農泊を勧めている。そこで示されている目標は一つには農泊を実施できる体制を持った地域を2020年までに500地域創出すること，インバウンドの受入拡大と共に農泊を進めることを掲げている。

　農林水産省としての大きな指針は1．対象地域の増大策，2．インバウンドの消費者の取り込み，3．体験メニューの充実，4．情報発信，が中心軸となっている[82]。

　しかし，インバウンドに関してはコロナ禍もあり，今後の予測がほとんど立たない状態でもあるので，基本としては国内需要をまずは柱として立てていくことになるであろう。

⑶　エージェントとの協力体制

　旅行会社はグリーン・ツーリズムに関してどのような指針を持っているのであろうか。農林水産省が推進役となっている「グリーン・ツーリズム推進連絡会議」の中で，2009年に財団法人日本交通公社から示された資料と2014年の比較を行うと，以下の違いが見られる[83]。

　2009年においては，グリーン・ツーリズムに関しては，積極的に取り組む姿勢があり，今後の課題としてマーケットの拡大，魅力要素の充実（商品戦略），受入体制の整備を掲げていた。その中で，農山漁村と旅行会社が業務提携していく上での課題を出し，教育旅行等の受注型企画旅行から一般消費者対象の募集型企画旅行の可能性を検討していた。

　2014年の資料には，旅行会社と地域が連携するというよりも，国が資金面も援助しながら集落が市町村，NPO等多様な主体と連携する集落連合体による地域の手づくり活動や，地域ぐるみで特色ある地域資源を活用する取り組みを支援するというような変化が見られる。

4　国内宿泊旅行の実施率

　国内宿泊旅行の実施率は，前年の実質賃金指数値との相関傾向がみられる。2018年の指数は2017年より微増なので2019年は18年より宿泊旅行をする人は増える。また，旅行の費用は景気動向指数（CI）と相関があり，CIは近年上昇傾向なので，単価が上がる傾向である。しかし，これも2019年秋までの傾向と予測する[84]。

　2019年末からのコロナ禍によって，キャンセルが相次ぎ今後もどのように消費が回復するかわからない状況である。収入源もあるが，農泊自体が収入の主軸という農家は多くはなく，全く収入がなくなったとの声はあまり聞かないが，観光客との交流などを楽しみにしている農家も多く，気落ちしている人もいる[85]。

観光はさまざまな外部要因が影響を与えるので，この要因をどうとらえるのかも重要になる。

5　展　　望

持続性は農泊に限らず，地域を創っていくうえで大変重要な観点である。地域創生においては，莫大な予算を使い，打ち上げ花火的に取り組まれた事例もあった。確かに予算と人材（中央からのさまざまな応援部隊も含めて）を使った地域は一時的には集客に成功して成果を収めるところも過去には存在した。しかし，そのようなことはもはや求められてはいない。いかに地元の人材と予算を適正に使いながら，一過性ではなく，地域を豊かにしていくのかという持続性の課題はいつの時代にもじっくりと取り組まれるべきものである。

「成功事例とか失敗事例は，部外者の言葉であって当事者のことではないということです。当事者たちがその事業を『自分のこと』として取り組み始めると，いつか必ずどのような形であれば成功するし，その事業が『他人事』となったとき早晩消えていくでしょう。成功事例とは当事者たちという主役が活き活きしている状態が連続しているときであり，失敗事例とは，当事者たちが舞台から消えていく状態なのです。」[86]という菊池新一の指摘は実際に遠野の街づくりに持続的に取り組んできた現場からの重みのある言葉である。

エリア・マーケティングは持続的に地域に明るい光を指すのに一助となってきたか否か，今切実に問われている。次々に新たなものを生み出すという戦略ではなく，使い捨てにならない持続性を持って地域を守り育てるためのマーケティングが求められている。

〔注〕
1)　宮田静一『しあわせ農泊』西日本新聞社，2010，p.228.大分県は22,000円の認可料でほとんどの家で農泊が認可される。
2)　農林水産省「グリーン・ツーリズムとは」https://www.maff.go.jp/j/nousin/kouryu/kyose_tairyu/k_gt/（2020年6月2日現在）
3)　井上和衛『グリーン・ツーリズム』筑波書房，2011，pp.41−44.

4)　「農林水産省「訪日外国人旅行者の農林漁業体験民宿への誘客促進に関する調査委託事業調査報告書」2016，p.4.（図表 3 － 1）https://www.maff.go.jp/j/nousin/kouryu/pdf/kaigai_jirei_zenhan.pdf（2020年 5 月31日現在）

5)　①農林水産省「農泊推進のあり方検討会　中間とりまとめ」2019. 農林水産省「農泊推進のあり方検討会資料一覧」資料 1 p.4. https://www.maff.go.jp/j/nousin/kouryu/nouhaku/arikata.html#no 2（2020年 6 月 2 日現在）
　　②青木辰司「日本型グリーン・ツーリズムの展開と課題」『月刊ガバナンス　2011年 1 月号』株式会社ぎょうせい，2011，pp.28－29.
　　③農泊は農家民宿でも農家民泊でもなく，農村民泊として規定されている，という青木の指摘がある。青木辰司『グリーン・ツーリズム実践の社会学』丸善株式会社，2004，p.71.

6)　農林水産省「農村振興をめぐる情勢」2019，p.35. https://www.maff.go.jp/j/council/seisaku/kikaku/bukai/attach/pdf/0528-11.pdf（2020年 6 月 2 日現在）（図表 3 － 2）

7)　日本ファームステイ協会　https://jpcsa.org/（2019年 7 月31日現在）

8)　NPO法人安心院町グリーンツーリズム研究会編『農泊教育旅行ご案内』2018，p.3.

9)　NPO法人安心院町グリーンツーリズム研究会編『NPO法人安心院町グリーン・ツーリズム研究会資料 2 』2005，p.8.

10)　①横山秀司「わが国におけるグリーン・ツーリズムの展開とその課題—ヨーロッパとの比較検討—」『九州産業大学商経論叢』第39巻 1 号，1998，pp.82－89.
　　②石光研二は，ヨーロッパでグリーンツーリズムが発展してきたことを以下のように述べている。「ヨーロッパ人の自然観には，傷つきやすい自然を自らのために大切に保持しようという意識が（日本人よりも強く）あるのではないか。イギリスではナショナルトラストで田園地域を所有してまで保有しており，ドイツでは農村景観の保全を農業政策の極めて重要な課題としている。」「グリーンツーリズムの源流と現代的意義—ヨーロッパの体験から—」『農業と経済』第61巻第13号，富民協会，1995，pp.39－40.

11)　鈴江恵子『ドイツ　グリーン・ツーリズム考—田園ビジネスを創出したダイナミズム』東京農大出版会，2008，p.6，18，28.

12)　小山善彦「イギリスにおけるグリーン・ツーリズム」山崎光博・小山善彦・大島順子『グリーン・ツーリズム』家の光協会，1994，pp.20－23.

13)　①大島順子「フランスにおけるグリーン・ツーリズム」山崎光博・小山善彦・大島順子『グリーン・ツーリズム』家の光協会，1994，p.58，62，73，pp.82－85.
　　②大島順子「福祉と農村価値向上を目指すフランスの農村ツーリズム」『農業土木学会誌』第72巻第11号，2004，p.10.

14)　荒樋豊「フランスのグリーンツーリズム」『Japan Daiiry Green Tuorism 1997-1998』https://www.dairy.co.jp/dairydata/kulbvq 000000 bewf-att/kulbvq 000000 bexf.pdf（2020年 5 月 2 日現在）pp.118－119.

15)　大島順子「60年の歴史を持つフランスの農村ツーリズム」『農業と経済2010年 8 月臨時増刊号』昭和堂，2010，p.120.

16）　富川久美子『ドイツの農村政策と農家民宿』農林統計協会，2007，pp. 39－45.

17）　山崎光博「ドイツにおけるグリーン・ツーリズム」山崎光博・小山善彦・大島順子『グリーン・ツーリズム』家の光協会，1994，p. 116，pp. 127－129，152.

18）　小磯学「イタリア・アグリトゥーリズモの現状について」『神戸夙川学院大学紀要』第2号，2011，pp. 3－4.

19）　宮下聖史「日本型グリーン・ツーリズムの特質と地域的展開―長野県四賀村を事例として―」『立命館産業社会論集』第42巻第3号，2006，p. 110.

20）　栗栖祐子「都市農山村交流・グリーン・ツーリズムの政策動向」『農中総研　調査と情報』第8号，2008，p. 6.

21）　青木辰司「進化するグリーン・ツーリズム」『農業と経済2010年8月臨時増刊号』昭和堂，2010，p. 7.

22）　農村漁村余暇法 http://www.maff.go.jp/j/nousin/kouryu/kyose_tairyu/k_gt/yokaho.html（2019年5月20日現在）
　　　安心院では1993年に「アグリツーリズム研究会」が発足，1996年に「安心院グリーンツーリズム研究会」として再発足し，日本におけるグリーン・ツーリズムの発祥の地と言われている。なお安心院では表記をグリーン・ツーリズムではなくグリーンツーリズムを使用している。

23）　青木辰司『グリーン・ツーリズム実践の社会学』丸善株式会社，2004，pp. 58－59.ただし，ここで留意が必要なのは「主客転倒化」を招きかねないことである。都市住民のニーズへの強制が都市・消費者への迎合という現象を引き起こすこともあり，バランス感覚が実践主体に求められよう。

24）　農林水産省 http://www.maff.go.jp/j/nousin/kouryu/kyose_tairyu/k_gt/index.html（2020年6月22日現在）

25）　井上和衛「地域経営型グリーン・ツーリズムへの展開」井上和衛，中村攻，宮崎猛，山崎光博著『地域経営型グリーン・ツーリズム』都市文化社，1999，p. 43，pp. 51－53.

26）　簡易宿所と民泊新法の違いは大きくは3つある。1．営業の日数，簡易宿所は制限無し，民泊新法は年間180日以内，2．簡易宿所は許可，民泊新法は届出，3．簡易宿所は設備に関して設置義務の条例がある場合もある。https://www.mlit.go.jp/kankocho/minpaku/overview/minpaku/index.html（2020年7月28日現在）

27）　①農林水産省「訪日外国人旅行者の農林漁業体験民宿への誘客促進に関する調査委託事業調査報告書」2016，p. 49. https://www.maff.go.jp/j/nousin/kouryu/pdf/kaigai_jirei_zenhan.pdf（2020年5月31日現在）（図表3－3）
　　　②2015年農林業センサス報告書　調査結果の概要，p. 30, 34. https://www.maff.go.jp/j/tokei/kouhyou/noucen/index.html（2020年5月25日現在）
　　　③2018年漁業センサス https://www.maff.go.jp/j/tokei/kouhyou/gyocen/index.html（2020年5月25日現在）
　　　④農林水産省「農泊推進のあり方検討会資料一覧」資料1，p. 7. https://www.maff.go.jp/j/nousin/kouryu/nouhaku/arikata.html#no2（2020年5月28日現在）

28）　『レジャー白書』日本生産性本部，2019，p. 3（図表3－4），27（図表3－5），

73（図表3－6），75.

29)　農林水産省「農泊推進のあり方検討会　資料2　中間とりまとめ（参考図表）」p.1. https://www.maff.go.jp/j/nousin/kouryu/nouhaku/attach/pdf/arikata-19.pdf（2020年5月25日現在）（図表3－7）

30)　「令和元年度観光施策」『観光白書』p.161，172. https://www.mlit.go.jp/common/001294377.pdf（2020年5月25日現在）

31)　①2015年農林業センサス報告書　調査結果の概要，p.30，34. https://www.maff.go.jp/j/tokei/kouhyou/noucen/index.html（2020年5月25日現在）
　　②2018年漁業センサス　https://www.maff.go.jp/j/tokei/kouhyou/gyocen/index.html（2020年5月25日現在）

32)　農林水産省「農泊推進のあり方検討会　資料2　中間とりまとめ（参考図表）」，p.4. https://www.maff.go.jp/j/nousin/kouryu/nouhaku/attach/pdf/arikata-19.pdf（2020年5月28日現在）（図表3－8）

33)　藤本高志，内藤重之「離島地域における民泊体験型観光の特徴と地域内経済効果―沖縄県伊江島を事例として―」『大阪経大論集』第64巻第1号，2013，pp.73－92.

34)　加藤愛・細野賢治・山尾政博「体験型教育民泊による地域への効果と受入組織運営のあり方―（一社）伊江島観光協会を事例として―」『農業経済研究』第87巻第3号，2015，pp.279－284.

35)　①宮崎猛「グリーン・ツーリズムによる農村の地域経営とライフスタイルの転換」『日本とアジアの農業・農村とグリーン・ツーリズム』昭和堂，2006，p.11，27.
　　②宮崎猛「モンスーンアジアの水田農法と農村家族―グリーン・ツーリズム推進組織の2つのタイプ」『農村コミュニティビジネスとグリーン・ツーリズム』昭和堂，2011，pp.1－2，10.
　　③　3）と同じ，p.61.

36)　23)と同じ，p.143.

37)　青木辰司『転換するグリーン・ツーリズム』学芸出版社，2010，pp.22－24.

38)　山村高淑「観光情報革命時代のツーリズム（その3）―文化の集散地の可能性―」『北海道大学文化資源マネジメント論集』vol.3，2008，pp.1－5. 山村はこの論文ではアニメやコミックマーケットなどを取り上げている。

39)　井門隆夫『地域観光事業のススメ方』大学教育出版，2017，pp.15－16.

40)　三浦俊彦「カルチャー・コンピタンス・マーケティングの体系」『文化を競争力とするマーケティング』2020，pp.87－88.

41)　岩田貴子『エリア・マーケティング　アーキテクチャー（増補版）』税務経理協会，2017，pp.24－30.

42)　ＮＰＯ法人安心院町グリーンツーリズム研究会　安部翼事務局長のインタビューに基づく（2018年1月28日現在）。

43)　農林水産省　農山漁村余暇法　http://www.maff.go.jp/j/nousin/kouryu/kyose_tairyu/k_gt/yokaho.html（2019年7月31日現在）

44)　『NPO法人安心院町グリーンツーリズム研究会資料2』2006，p.26. 時枝家，江藤

家などは当初からの参加者である。建築家である津端修一が立ち上げのころに参加していた。

45）　NPO法人安心院町グリーンツーリズム研究会前事務局長植田淳子におけるインタビューに基づく（2018年6月2日）。

46）　安心院グリーンツーリズム研究会HP　http://www.ajimu-gt.jp/page0100.html（2019年5月11日現在）

47）　大分合同新聞2019年1月9日付「数字でみるグリーン・ツーリズム」NPO法人安心院町グリーンツーリズム研究会資料.

48）　参画している江藤家は，もともとは米農家である。しかし，農泊は体験が消費者の楽しみになっているので，お米の体験だけでは限られてくる。そこで夏に体験ができる胡椒を考えて栽培をした。夏に一般客が訪れ，生徒や学生は春や秋に訪れる。そうなると，春，夏，秋の体験を揃えておく必要がある。江藤家は現在，胡椒が主要作物であり，それが主軸であって農泊を主な柱にしているわけではないが，実際に体験を中学生に行ってもらうことによって，収穫時には1万円の収入が3万円になり，結果として農泊の宿泊費で利益を上げるというよりも，それが回りまわっての利益につながっている。入浴は江藤家では安心院の深見温泉などに行く。安心院には4つの温泉施設があり，各集落に一つある。

49）　①2002年1月24日毎日新聞夕刊http://www.maff.go.jp/kyusyu/keikaku/nouhaku/corum.html（2019年4月29日現在）
　　　②http://www.crh1.jp/（2019年4月29日現在）

50）　https://kanko-bank.com/service/（2020年4月27日現在）

51）　江藤家では当初奥様（江藤千代子）のみが参画しており，ご主人（江藤勝郎）は3年間反対の立場で参加していなかった。しかし，その後奥様の活躍を見て資格を取り参加することになる。ここでも女性の活躍が見られる。

52）　植田淳子「戦後日本の農家女性をめぐる研究の到達点と課題」『観光学』和歌山大学観光学会編第16巻，2017，pp.1－12. 植田は戦後の農村における女性の変化研究で4つの大きな変革の時期を示唆している。変革期の一つは1992年でグリーン・ツーリズム・女性起業発生期，次には2002年から現在までのグリーン・ツーリズム・女性起業興隆期としている。グリーン・ツーリズムを取り巻く一連の社会参画によってこれまで地域や家庭の主役ではなかった女性たちが積極的に地位の改革にのりだしたこと，そしてそのことで農村の意思決定過程に大きな変革をもたらすことにもなったこと，を社会学，観光学の視点からとらえている。

53）　NPO法人安心院町グリーンツーリズム研究会宮田静一会長におけるインタビューに基づく（2018年1月28日）。全体構想としては以下のシステムを考えている。http://www.ajimu-gt.jp/page0100.html（2019年5月13日現在）

54）　宮田静一『困ったときに見る31の体験書　農泊のすすめ』NPO法人安心院グリーンツーリズム研究会，2019，p.7，11.

55）　宮古島さるかの里　合同会社（代表社員　松原敬子）によるインタビューに基づく（2019年2月2日）。

56)　一般社団法人宮古島観光協会　平良光雅・大嶺星道におけるインタビューに基づく（2019年 2 月 4 日）。

57)　宮古島観光協会資料「平成31年度　修学旅行日程表」平成31年資料.

58)　合同会社砂川農園　砂川寛裕におけるインタビューに基づく（2019年 2 月 3 日）。

59)　高松隼岐「沖縄県における農泊事業拡大の課題」『琉球大学　農泊推進事業成果報告』2019年 1 月.

60)　菊池新一『遠野まちづくり実践塾』無明舎出版，2006，p.154.

61)　菊池新一会長へのインタビューに基づく（2019年 6 月12日）。

62)　内閣府NPOホームページ https://www.npo-homepage.go.jp/npoportal/detail/003000096（2020年 7 月 6 日現在）

63)　NPO法人「遠野　山・里・暮らしネットワーク」令和元年度事業報告書 https://www.npo-homepage.go.jp/npoportal/document/003000096/hokoku/201970/2019%E5%B9%B4%E5%BA%A6%E4%BA%8B%E6%A5%AD%E5%A0%B1%E5%91%8A%E6%9B%B8%E7%AD%89.pdf（2020年 7 月 7 日現在）

64)　認定NPO法人「遠野　山・里・暮らしネットワーク」事業概要資料，2019年 5 月.

65)　遠野旅の産地直売所 https://tono-yamasatonet.com/tabisite/（2020年 7 月13日現在）

66)　大森和子「アグリツーリズモ大森家」におけるインタビューに基づく（2019年 6 月10日）。農業が本業である。学生が来て農業体験したいときにはご主人，そうでないときの農泊は奥様というような分担を行っている。農業は米，トマト，ピーマンを生産しそれらが主収入である。農泊はメインテナンスにコストもかかり利益はさほどではない。しかし，宿泊した生徒が生き生きと活動開始したときなどにとても喜びを感じる。

67)　打越義之「つくしファーム」におけるインタビューに基づく（2019年 6 月11日）。宿泊70％，ブルーベリー25％，その他 5 ％の割合である。

68)　60）と同じ，pp.184－185.

69)　岩手日報　22面「県内農泊にも打撃」2020年 4 月 3 日付け.

70)　23）と同じ，p.139.

71)　大森和子「アグリツーリズモ大森家」におけるインタビューに基づく（2019年 6 月10日）。

72)　3）と同じ，pp.56－59.

73)　内閣府「職と農林漁業に関する世論調査　平成30年 9 月実施」https://survey.gov-online.go.jp/h30/h30-shoku/zh/z11.html（2020年 5 月28日現在）

74)　未来ある村　日本農泊連合　規約　2019年 3 月17日.

75)　ILO　1970年の有給休暇条約（改正）（第132号）https://www.ilo.org/tokyo/standards/list-of-conventions/WCMS_238104/lang-ja/index.htm（2020年 7 月23日現在）

76)　60）と同じ，p.135.

77)　バーナード・レイン「日本農村の再生と農村ツーリズムの役割」「日本農村の再生：持続可能な農村ツーリズムのためのマニフェスト」青木辰司・小山善彦・バーナード・レイン著『持続可能なグリーン・ツーリズム』丸善株式会社，2006，p.87，126.

78)　井上和衛「まえがき」「地域経営型グリーン・ツーリズムへの展開」「地域経営型グリーン・ツーリズムの取組み方」25) と同じ，p. 5, 59, 71。

79)　37) と同じ，pp. 23 − 25, 177 − 178.

80)　未来ある村日本農泊連合　結成記念シンポジウム資料，2019，pp. 36 − 37.

81)　百戦錬磨 HP　https://www.hyakuren.org/ 20190904_news 01 /（2020年 6 月 6 日現在）

82)　農林水産省「農泊推進のあり方検討会資料一覧」資料 3 .　https://www.maff.go.jp/ j /nousin/kouryu/nouhaku/arikata.html#no 2（2020年 5 月28日現在）

83)　農林水産省　グリーン・ツーリズム推進連絡会議　資料https://www.maff.go.jp/j/ nousin/kouryu/nouhaku/attach/pdf/ 171011-61.pdf
　　　https://www.maff.go.jp/j/nousin/kouryu/nouhaku/ 171011.html（2020年 7 月21日現在）

84)　井門隆夫「2019年旅の達人が選ぶ旬な旅先」『ノジュール2019年 1 月号』JTBパブリッシング，2019，p. 90.

85)　マイナビ農業「農業ニュース」https://agri.mynavi.jp/ 2020_04_14_116004 /（2020年 6 月 6 日現在）

86)　60) と同じ，p. 233.

〔参考文献〕

1)　（財）都市農山漁村交流活性化機構『数字でわかるグリーン・ツーリズム』2010，（財）都市農山漁村交流活性化機構.

2)　（財）都市農山漁村交流活性化機構『グリーン・ツーリズムインストラクター名鑑（西日本編）』2014，（財）都市農山漁村交流活性化機構.

第 **4** 章

地産地消と
エリア・マーケティング

第1節　はじめに

　エリア・マーケティングが誕生して40年余り，エリア・マーケティングの理論はさまざまな展開を経て今日まで展開されてきた。エリア・マーケティングのアプローチは3つあるが，この章においてはアプローチ3を主軸として論を進める。

　「地域に深く入る」がアプローチ3の大きなテーマである。アプローチ3は地域の価値をいかに深めてその地域に浸透していくのかが軸になる。この論考においては，地産地消の従来の経緯をたどりながら新たな動きを見つめ，地域価値および地産地消の展望をエリア・マーケティングの観点から探ることを目的とする。

　2019年末から全世界的にコロナ禍という大きな変化があり，経済環境も変革を余儀なくされた。そのような状況下，人間の生きる根源の生活を再考しそれにともなうマーケティングの方策を検討することは必須になってくる。今回は農業をテーマとして「地産地消」を取り上げるものであるが，食べることは生きること，人間の根本を問い直すことにもつながる。

　農業・農村にはいろいろな価値があり，それを私たちは見直す必要があるとして，祖田修は以下のように説いた[1]。大きく分ければ歴史的には3つの主要

な価値が順次登場した。経済的価値，生態環境価値，生活価値である。まず，第2次大戦後についていえば，第2次大戦によっては破局した産業の立て直し，あるいは不足している食糧を補うという，生存水準上の経済的な役割で，高度成長に入ると，生活水準上の「経済的価値」が農業・農村に期待された。次に，1965年に入ると，高度成長に伴う生態環境の破壊が急速に進み，「生態環境価値」の実態が注目されるようになる。1977年以降は生活の豊かさ，心の豊かさにより重点を置く方向になり「生活価値」の追求が大きな課題になった。農業・農村の価値が重層的に年次を追って積み重ねられ多元化してきている。この3つの価値を「総合的価値」と呼び，総合的価値の調和的実現が今後の課題である。

　農業は敵地適作という言葉があるように農業をはじめとする第1次産業（農林水産業）は，その地域の自然・気候・風土に深く根付いたものである。農業は工業と異なり，逆に薄めることが困難であるほど地域との関係性が濃い産業であると言える[2]。

　以前，農業は地域で産物が循環しており，よそから流入することやよそへ流出することはまれであった。工業や商業が発達し大量に生産されたものが大量に流通する仕組みができあがると，それが農業にも影響を与え地域や国を越えて物資の移動が行われるようになる。ところが生産者の顔が見えない流通は，農薬の大量使用，不当表示，保存料の多用，農地のかたより，過疎などの問題を引き起こす。生産者と消費者とのお互いの信頼の上に成り立つ地産地消は，どのような生産を行うのか，どのようにそれを消費し廃棄するのかという問題を投げかけ，環境問題とも深くつながっている[3]。

　この章においては農業を商業の観点から読み解き，「地産地消」を農業とマーケティングの融合戦略を考えることにより検討することを目的とする。地産地消をエリア・マーケティングの観点から分析をするため，二つの視点「地域との関わり」「地域価値の育成」を提示する。

第2節　地産地消とは

1　経　　緯

　1960年以前においては，交通も不便であり，生産設備や機械も貧弱で生産量も少なかったので，地産地消運動は地方ではあたりまえのことであり，自給自足経済と呼ばれていた。地域経済は自給自足の上に成立していたので，もともと地産地消であった[4]。

　第二次世界大戦後，富国強兵型農業は大きく方向転換した。単収を高める技術開発とその普及に力点が置かれ，従来の地主制度を基礎とする封建的な村落共同体から単位農協を要として農業者が組織化された。さらに，農協ハイアラーキーとこれをバックアップする仕組みを通じて，技術の進歩を享受できた他に，地域を超えた調達ルートや販路を確保することができたのである[5]。特に人口が増加している都市においての農産物の入手は生活を営む上で必要とされ，各地域で消費されていた農産物が全国で消費されるようになった。

　しかし，その後状況は変化する。地産地消が検討されるようになったのは，さまざまな論があるが，農林水産省農蚕園芸局生活改善課が1981年度から4か年計画で進めた地域内食生活向上対策事業から生じたと言われている。その背景には1．食料消費における外部サービスへの依存傾向の強まり，農家の自給割合の低下，栄養素間のアンバランスの存在，手づくりの味，伝統の味の喪失といった問題が浮上した，2．日本型食生活を評価し，定着させることの必要性が説かれていた，ことが背景にある[6]。

　さらにこれが拡大していった理由としては消費者側としては，農産物に対する消費者の安全・安心志向の高まり，地域の農林水産業・伝統産業・中小企業の保護の高まり，などがあげられ，また，生産者側としては，消費者に対し直接に安全・安心な食料品を提供しようという高まり，流通時間や流通コストの削減，直売所の手取り収入の引き上げにつながる，耕作放棄地に歯止めをかける，という要因があった[7]。富田敬二は有機農業の観点から，有機農業の歩みを①第1期　戦後〜1980年代前半　公害問題を発端とする消費者運動を背景に，

安全な食品を求める運動として有機農業運動が形成された時期，②第2期 1980年代後半〜1990年代前半　有機農業運動が発展し，産消提携組織が拡大した時期，③第3期　1990年代後半〜有機農産物の流通チャネルが拡大した時期，の3つに分けている8)。

2　地産地消の定義と範囲

　地産地消は定義としてはいまだに一定のものが無い状況であるが，代表的なものを掲げておくと以下のようになる。

　農林水産省は以下のように記している。「地産地消とは，国内の地域で生産された農林水産物（食用に供されるものに限る。）を，その生産された地域内において消費する取組である。食料自給率の向上に加え，直売所や加工の取組などを通じて，6次産業化にもつながるものである。」9)

　また，蔦谷栄一は「生産者と消費者との『顔が見え，話ができる』関係の中で，消費者に地域の農産物や食品を購入する機会を提供することをつうじて，地域の農業と関連産業の活性化を図っていくこと」を地産地消の定義としておきたい，と記している10)。二木季男は「地産地消活動は，一般的に表現すると，わが国の将来あるべき『高付加価値型の地域循環型環境保全農業』をビジョンとして据えて，そこへ向けた農業者と消費者（子どもを含む），そして地域内の諸産業との確かな共生環境づくりを，地域の諸条件のなかで確実に推進し，このビジョンへ向けて道筋を拓くという理念をもった活動である」と述べている11)。

　さらに，地産地消は範囲を広げ「地産地消というのは地元で生産された産品を住民が，積極的に消費することによって，生産を刺激し，関連産業を発展させ，地域の資金循環を活発にし，地域を活性化する一つの手法である」という下平尾勲のように対象範囲を農産物に限定するものではないという説もある12)。この観点は今後大いに検討されるべきものでありこれに対して否定を論ずるものではないが，今回の論文においては，農林水産物に対象を限ることによって対象範囲の今後のさらなる展開を待つものである。

　地産地消の地理的範囲も論者によって広狭さまざまである。平尾正之は流通拠点からの距離が50～60キロメートル以内の流通を地域流通としてその範囲を考える，内藤重之は行政区域でいえば，広くても同一市町村内あるいは同一都道府県内の範囲とするのが妥当，下平尾勲は県内に限定，伊東継年は経済活動を共有する県外の隣接市町村を含め，おおむね都道府県域程度の範囲を地産地消のエリアと考えている[13]。さらに伊東によれば地産地消は，ただ単に地域で生産されたものを地域で消費するということではなく，地域の生産者が生産したものを地域の消費者（個人，企業，団体等）が主体となって消費するということを基本原則としなければならない[14]。としているが，この指摘はこれから地産地消が多様化していくなかでの重要な指摘ととらえられよう。

　筆者はこれらの点をいかにとらえるかというと，伊東の説に加えて，「地域の産品を地域の消費者が主体となって消費し，さらに，近隣の消費者がその当該地に赴き産品を消費することを含むものである。直売所や生産加工の取組みなど6次産業化も含むもの。」とする。その理由としては，地産地消の多くの部分を担っている直売所の現状や生産者の活動を見るに，当該地域の消費者はもちろんであるが，近隣から車などで訪れる消費者の購買意欲や通販取引が近年そしてこのコロナ禍でさらに伸びている状況があるからである。

　全国の市町村ではかなりの自治体で地産地消の取り組みがなされているが，さまざまな形態がとられ，地産地消型流通の現状はマーケティング的にはあまり把握されていない状況にもある。この論文においては，改めて地産地消をマーケティングの観点から読み解き，新たな戦略をいかに組み立てていくのかの考察を試みることとする。

3　地産地消の意義

　①経済面：大規模な生産者（農家や経営体）の生産力，JAなどの大きな流通組織を使用することのメリットは確かに戦後の食糧をいきわたらせるのには必要であった。しかし，小規模農家や特別な生産方法を取っている農家などにとっては，自分たちの利益を最小限に抑えられたうえでの組織への迎合を求め

られ，自由がきかない面もあった。地産地消の場合には，確実に方法を積み重ねれば今まで自分たちに入ってこなかったような小さな利益を積み重ねられることにもつながり，それを地域の中で循環させることも可能になる。②農家のモチベーション：大規模生産，大規模流通，大規模消費の流れで自分の立ち位置を見失いがちな農家にとっては，顔の見える生産，声の聴ける流通ルートは自らの生きがいにもつながる。また，農家の女性が今までとは異なる流通業者，消費者と関わることも多いため，女性のモチベーションアップにもなる。③教育：青少年にとって，地域で生きて食べて働くということの意義を伝えることができる。大人にとっても改めて自分たちの生活を根源から考えることになり，地域とのつながりを再び見直すことにもなる。④住民の豊かな生活：遠方から運ばれてくる食材とは異なり，新鮮で安全が示されている商品を日常の生活に取り入れることができる。

第3節　先行研究とエリア・マーケティングからの視点

1　先行研究

(1)　農学の観点

　第2節の定義のところでも記したが，地産地消は農業，農学の観点からの研究が主軸であり，生産と社会生活から分析されることが多かった。都市と農村共生のための3つの結合として祖田修は以下のことを挙げた[15]。

　第1は農業と工業の結合である。農村ではもはや農業だけでは生活できないのは明白である。それぞれの地域に商工業など農外の仕事がなければ大都市へ出ていくしかない。都市と農村の結合にはやはり農業と商工業・サービス業などの連携が前提となる。

　第2に，人と自然の結合である。生態環境が大きな問題になっており，生態環境価値をも農業・農村は追求していくべきである。

　第3に人と人の結合である。とくに村人どうしの結合，都市民と農村民の結合である。都市と農村はお互いに必要な存在意義を認めながら，交流を続けて

いくことが重要であるということが農学からの視点であり，経済面もさることながら社会面での効果と意義を主に研究がされてきた。

(2) 農学からのマーケティング視点

　農学の視点が出発ではあるが，二木季男は企業マーケティングとアグリマーケティングの違いを明確にすることが重要であるとし，流通およびマーケティングの視点を農学に取り入れた。企業マーケティングでは，大量生産，大量流通，大量広告などにより利益の極大化を果たすことを目的としているが，アグリ（農業・農村）マーケティングでは，少量多品目生産による地元販売（直売所等地産地消販売）をベースにした個性的な販売によって，地元消費者の信頼を得て，それを土台（臍）に，外へ向かう複合マルチ・チャネル戦略を展開することとなる。加工品の包装でも，全国展開のものと同様ではナンセンスで，経費をかけなくても，その加工品の特徴をよくアピールできれば充分である，と説いている[16]。

　この研究によって，農学にマーケティングの視点が付加されたことは大きな転機ではあるが，あくまでも農学をベースにしているためマーケティングの整理立った分析は導入期ではある。

　地産地消において大きな役割を担ってきた直売所は，農林水産省の6次産業総合調査によると2018年度では23,870箇所あり[17]，全国各地に存在している。

　二木は「農産物直売所」に関して，地域内市場形成の理論に裏付けられているとし，買い手と売り手が出会う場が生まれ，売り手と買い手の会合関係，売買する商品に値付けされる価格形成関係，商品と貨幣が交換される交換関係が形成されるという市場形成の原理に従って生まれ，維持されている，とし，地産地消の基礎としてとらえている[18]。

(3) マーケティングからの農業視点

　梅沢昌太郎は農業マーケティングの代表的な研究者であり，農業の分野に流通およびマーケティング分析を導入した。1980年代から2000年代初期にわたり梅沢の研究は生産に重きを置かれていた農業分野にマクロ的なマーケティングを導入することを研究初期に，さらに研究後期にはミクロ・マーケティングの

戦略を獲得することによってマネジメントの視点を持ったより効果的な農業産業の視点が広がるとして，長きにわたり農業におけるマーケティングの重要性を説いてきた。

　小川孔輔・酒井理は農産物のなかでも特に有機農産物に焦点を絞り，流通とマーケティングに関して研究を重ねた。小川，酒井の研究は消費者調査や消費者の顧客視点を入れた流通，消費者と農産物マーケティングの歴史的推移に関して，多岐にわたる研究がなされている。

　農業とマーケティングは大きな論題ではありそれらを融合させようとする努力がはらわれてきたが，最近までなかなか両者の協働関係がなされてはこなかった。しかし，上述のような研究がマクロ，ミクロから進んではきている。

　先行研究から見ると地産地消をテーマとし，地域の視点からマーケティングの戦略を考えた研究はほとんどなく，今回の論文はその観点から整理を試みていくが，5 P を基に進めることとする[19]。4 P は Product, Price, Place, Promotion になるが，5つ目の P は，Public Opinion & Relationship（地域の合意形成と関係性）を掲げたい。5つ目の P を付加するのは，地産地消には，組織あるいは共同体での推進が不可欠になるからである。農家単独での力は重要であるが，流通組織などに関しては単独ではほとんど成り立たず，ある程度の規模の組織力を持って進めることになり，それは企業のマーケティングよりも大きく関与するからである。また，消費者や住民などとの関係性がより問われ，住民との交流が大きな役目を果たすこと，さらに協力体制（6次産業化：農業漁業生産者が加工および流通販売まで自らで行うこと，農商工連携：農林水産業者と商工業者が商品開発などで協力・連携すること，など）も連携性として重要なファクターとなる。

ターゲット：

　地域で産出したものを地域で消費するということで地元の住民がメイン・ターゲットである。しかし，現状をみると，特に観光地や大きな幹線道路，高速道路などの自動車での利便性が高い地域においては他地域から往来する消費

者によって購買される商品も多い。地産地消の概念を地域住民のみに限定することは範囲を狭めてしまう状況となるため，この論文においては他地域から来訪する消費者も含めるものとする。

　消費地に行くよりも産地に来てもらう。また，農業と観光が掛け算となる発想もある[20]。

Product：

　小川孔輔は「有機農産物には，一般農産物のように，一元化して価格に還元できない価値がある。すなわち，『安全性』という商品属性である。安全性のような価値属性は，継続的に購入してみても，その評価は最後まで定まらない。有機農産物は，サービスマーケティング論でいう『信用財』なのである。」[21]と述べ，農産物の多様な価値を示唆した。地産地消というのは，もちろんその商品そのものを判断することもあるが，消費者および生産者の行為によって成り立つものだからである。その地域で産出されたものを大事にその地域で消費をするという，お互いの思いやりや信用性も含まれた商品価値である。

　また，農産物という商品を考えた場合に，今まではモノ（現存するモノ）というとらえ方で物財の考え方を取るのが一般的であった。農産物という商品は品質，栄養価などが市場で消費者に測られる大きな物差しであり，それが中心を占めると考えられてきた。しかし，モノのマーケティングにおいてもモノとコトの融合が最近語られてきたように，農産物においてもモノとコト（食べるシチュエーション，経験など）の合体が検討されてきている。

　農産物というモノではなく，農産物においては価値が重要視され「食べるモノ」から「食べるコト」への移行が求められている[22]。

　商品として考える農産物は，①作物としての価値，②それを取り巻く付加価値としての価値，信用財としての価値，③コトとしての価値，の総合的な面で捉えていくことが必要になっている。

Price：

　消費者は食品スーパーの価格というものを個々人の一定の基準とし，そこにどのような付加価値があり，それがいかに商品価格に反映されているのかということで価格の高低を判断することがある。地産地消に関しては，流通面が短縮化されているということで一般的にはスーパーなどの価格よりは安いことを求める傾向がある。それが合理的な価格になっていれば両者が利益を得るが，そうでなければひずみが生じる。

　直売所も一般にスーパーなどの価格よりは安いことが多い。さら閉店時間近くになると，さらに値下げをして販売することが多くなされており，これが利益を圧迫する一つの要因ともなっているが，在庫処分の考えといかに併用していくのかが課題である。

Place〔地産地消流通の範囲〕：

　現実の農産物の流通の大半は，卸売市場に依存している。卸売市場と地域内市場の中間型として産直型の流通が存在する。さらにいえばこの３つにプラスして輸出も重視されてくる[23]。

図表４－１　農業・農村の市場形成・市場対応のパターン[24]

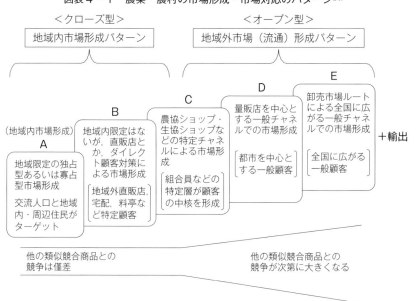

出典：二木季男『地産地消とマーケティング』家の光協会，2004，p.39. を基に筆者作成。

　二木は，活動領域を以下のようにとらえている。地産地消の活動を，限られた地域に限定した捉え方に留まると展開はないが，他方，地域の広がりをルーズに捉えると意味が不明になってしまう。そこで，活動ユニットを原則として旧市町村単位を，かつての身土不二や四里四方の概念とも符合する基本ユニット（プライマリー・エリア）として位置づけた上で，そこからさらに活動を広げる展開エリア（デベロップメント・エリア）を考えている[25]。

　図表４－１によれば，Ａ．基本ユニット（プライマリー・エリア）地域限定の独占型あるいは寡占型市場形成，Ｂ．地域限定はないが，直販店とか，ダイレクト顧客対応による市場形成，Ｃ．展開エリア（デベロップメント・エリア）農協ショップ・生協ショップなどの特定チャネルによる市場形成，が地産地消に該当するものと考える。具体的な活動としてはＡ．農村レストラン，市民農園，観光農園，Ｂ．産直，直売所，Ｃ．直売所，産直，Ｅの先には輸出，グリー

ン・ツーリズムなどがある。地産地消ではＡ，Ｂ，Ｃの範囲を考えることが基本であろう。

Promotion：

　プロモーションに関しては，組織が中小規模であることが多いため，多額なプロモーション費用を計上しての取り組みはなかなか難しい。しかし，プロモーションは近年のデジタルにおけるインターネットでのSNSを活用するなどが発展しているために十分可能でかつ効果的である。またイベントなどを行う際のパブリシティなどをうまく応用することが望まれる。

Public Opinion & Relationship

　これは多岐にわたる範囲を含む。先ずは農家と消費者が主軸にはなるが，農家，JA，自治体，直売所，農村レストラン，市民農園，小中学校などが含まれる。さらに拡大させると観光農園やグリーン・ツーリズムも範疇に含まれることになる。

第4節　事　　例

　地産地消は，新たな展開を見せ始めそれが拡大の様相を呈している。それは生産者および消費者がさまざまな工夫をこらし，自分たちで実現可能な地産地消モデルを試行している段階にきているからである。この章においては地産地消の多様な取り組み事例を取り上げる。

1　恵那川上屋（食品産業としての地産地消）

(1)　恵那市の概要

　岐阜県の南東部にあり，経済圏としては岐阜市との関わりよりも名古屋との関係が強い地域である。名古屋から鉄道で約1時間，高速道路では約50分である。人口は48,057人（2020年8月現在）で観光都市をうたっており，主な観光は

恵那峡，日本大正村，岩村城跡及び城下町である。この地方の名物は五平餅，栗きんとん，菊牛蒡（きくごぼう）などである。

(2)　地域価値の発見と創造

1964年に初代社長鎌田満が恵那市に和菓子店として創業し，1972年に洋菓子の製造販売も開始する。1982年に恵那中央店を開設，1992年に本社移転・恵那峡店開店，1994年に栗の契約栽培開始，1998年に超特選栗部会（入会に審査有り）を発足した。2008年に株式会社恵那川上屋を設立し，2017年栗地産地消拡大プロジェクト開始する。創業当初は和菓子が主商品であったが，新社長鎌田真悟が1998年就任以降，多種多様なブランド名でそれぞれのバラエティに富む和・洋菓子を製造販売している。

他産地との差異はお菓子の味の差，お菓子で競争しているのではなく，農家と地域を主軸として仕組みで差をつけている。原材料の生産，加工，販売の一連の流れのシステムを構築することで，栗菓子ではなく「栗の里」ということで特徴をつけていこうということである。契約農家80軒，その方たち全員が生産者であり自ら営業担当の役目も自然と担っていただきながら，お菓子そのもので他地域との差異化を図るのではなく，仕組み・システムで特徴を出している。

(3)　地産地消のとらえ方[26]

地域で産出するもので地域の消費を促す，地元の人々が自慢できるものを作る，これが基本である。地元に来る方々にもてなすお菓子として，そして地元の人々が手土産で他地域に行くときに持っていく自慢の商品を作ることが重要である，というとらえ方である。地元の人々が自分のために買って消費するというよりも，もてなすための消費である。よって，地域の人が自社のプロモーションを担う役割もいただいている。栗の和菓子が人気になり，原材料を他地域に頼ることが常態化していた中で，徐々に地元の原材料の生産者が疲弊している状況（栗きんとんが売れれば売れるほどお菓子屋が栗を市場から買うようになり，地元農家からは買わなくなってしまいどんどん淘汰されてしまった）を憂いて恵那川上屋の運動は開始された。農家の価値と商品の価値を分かち合うという考え方

である。

　地元の栗を大切にしようとする心意気は確かに新しい考え方を生んだが，原料の栗をどのように育てるかが難問であった。商品を作れるだけの生産量をまかなうことができず，県外から栗を仕入れるシステムが当たり前の状況になっている中で，新しい仕組みを作らなくてはならなかったからである。栗の値段は卸売市場の言い値で取引され，かつ地元の生産者はそのような中で値段がなかなか通らず疲弊していく。このままでは恵那から栗の生産者が無くなり，恵那の栗菓子ということで営業している企業も生産者もどちらも無くなってしまうのではないか，という疑問がわく。

　そこで，1994年に地元の生産者と土づくりからこだわった農業部門（有限会社恵那栗）を設立し栗栽培を始め「超特選恵那栗」のブランド化を開始した。栗菓子の里から「栗の里」への原点回帰を目指す。菓子屋だけが儲けて喜ぶのではなく，生産者・仕入先・お客様も皆が喜べる仕組みが必要，手取りに注目（栗の単価を倍以上で買う），誰が最初に儲けるか，この３点を重要視して取り組みが始まる。一定の基準を満たしたものは全量買取で，地域での販売以外全てやめるという意思決定で，良品質のものを責任持って買い取り，地域の素材を地域で加工し地域で販売する戦略になる。「超特選恵那栗」は低樹高栽培という樹高を低く保ち横に広げるように枝を剪定，台風などに見舞われても，それぞれ収穫期が異なる品種を育てている方法なので生産への影響がでにくいという特徴も持つ。

(4)　地域価値の育成（マーケティング的視点）

①　生産方法

　すべての原材料をまかなうことは難しいが，ここで地元生産者を見放してしまい，距離が出来てしまうとそのまま地元が廃れてしまう。そこで「農家の自信」と「地域の自慢」づくりで地域を豊かにし，100年後もこの名物が残っているようにと考えた。

　栗の栽培，素材調達，素材加工，企画・開発，菓子製造，販売までのサプライチェーン化で，自社での一貫生産を目指し出発した。現在はそれを地域との

バリューチェーン化に整えて，岐阜県の指導機関（中山間農業研究所中津川支所，岐阜県恵那農林事務所），生産者，有限会社恵那栗，恵那川上屋，消費者へとつなぐチェーン化を確立した[27]。超特選栗部会は入会するのに審査がある。そこではロスが1％しかなく，また，買い上げ価格も良いものが出来ると価格を上げることにしており，それによって生産者との信頼関係とモチベーションアップにつなげている。

　鮮度にもこだわり，契約農家と連携し収穫後24時間以内に加工している。また一年を通じて鮮度の高い栗を使用できる環境もCAS冷凍（通常の急速冷凍が素材をただ凍らせるのに対して，CAS冷凍は素材の細胞組織を破壊せず，素材が持つ旨味，みずみずしさを長時間保つ，株式会社アビーが世界初で開発したもの。）[28]によって可能にした。よって全量買取で余剰分が出るも，それを冷凍によって解消することが出来た。契約生産者数80名（2020年），栗の収穫量は132トン（2017年）である。

　② 　ターゲット

　地元の人々の自慢できる商品を作るということが会社の理念となっているので，地域の消費者が先ずはターゲットの根幹である。地域に訪れた客人に自慢できる商品，また地域外に出たときに持参していくのに自慢できるというのが大きなコンセプトとなっている。その後ターゲットは観光客，および東京，名古屋などの大都市にも向けられた。二子玉川店（2011年），名古屋・星が丘店（2013年）に店舗を構えるのは，一度商品を食した地域外の消費者が購買でき，かつそこで商品の説明ができるような店舗を，ということで設立された。また最近は通販が大きく伸びており，都会の消費者が増加している。

　③ 　Product

　1．恵那栗のブランディングを先ず行う。これには岐阜県やJAも関係していただいた。2．次に栗きんとんのブランディングを行った。3．現在開始しているのがモンブランの商品化である。

　むじょか（昔ながらのおやつ），えなひむろ（冷菓），蒼井山脈（創作洋菓子），種子島里の菓工房（種子島の材料での菓子），MUSUBI（国内外でのコラボ商品）な

どのブランドに分け，以前の和菓子のみにこだわらない多様な商品構成を組んでいる。

④　Price

栗の買い上げ価格に関しては，絶対に値下げをしないということを基本としている。良い栗を作っていただけるのであれば，いい値段で買い上げます，ということで信頼関係を築いている。また今まで捨てていたような栗も剥いて中味を取り出せば使えるものも 3 割程度あるので，そこでまた買取量が増えることになり生産者もモチベーションがあがることになった。

和菓子では原材料費も相応にかかっているため，安くて大量に売る感覚とは異なり，高付加価値のものを高品質で販売するという価格設定になっている。洋菓子に関しては季節のものを季節に販売するということでの価格になっているが，最近は一人贅沢という消費傾向もあり，高い商品も販売している。

⑤　Place

当初は百貨店のチャネル開拓を行おうとしていたが，それでは他社との差異もつけづらく難しい面があった。そのためそこを止めて地域の人々に買っていただけるチャネルに転換した。新製品のチラシを地域で配布し地域で売る，「地域の自慢」と「農家の自信」でのチャネル構築に変えて行った。

その後再度2011年から百貨店の催事などに出る。自社の小売店は岐阜県内 7 店舗，名古屋店，東京店の合計 9 店舗での販売および通販事業である。店舗での販売も価値を伝えるという意味では大変重要ではあるが，最近は通販の伸びが良く，この販売にも力を入れている。

⑥　Promotion

商品構成が和菓子のみではなく，洋菓子に展開が広がっていることもあり，さまざまなプロモーションが行われている。チラシは 2 か月に 1 回くらいの間隔で地域に配布している。通販ではパンフレットを作成し東京のチームが作成し，通販はリピーターが多いこともあり丁寧な造りの B 4 判の折りたたみの小新聞のようなパンフレット「さとのかつうしん」などを配布している（10月では信州伊奈栗をメインに押し出す）。

地域に良い事，人に良い事，社会に良い事，のイベント（恵那南高校の活動やイベントなどは）はなるべくパブリシティを活用し，地元の新聞や県内版に掲載していただいている。

⑦　Public Opinion & Relationship

80軒の農家と契約を結んで，生産を託している。また，新しい若い力として岐阜県立恵那南高校と地産地消の学習を行っている。恵那南高校のMIRYOKU創出プロジェクトは企業（恵那川上屋），学校（恵那南高校），行政（恵那市）の3者の協力によって栗の栽培から加工販売までを生徒が行う6次産業学習を行っている。

(5)　課　題　点

当該地域で使用される栗の総量は1,500㌧であり，現在の契約農家はその10分の1程度の生産量である。以前から比較すれば増加したが，これ以上の収穫は難しいかもしれない。また，圃場を増やすと，規格外の栗も増加することになり，良質の栗だけ高単価取引するだけでは解決にならないことが顕在化している。若い人材の理解も得ながら今後の方向性を決めていく必要がある[29]。

(6)　展　　望

今後は商品展開を洋菓子を多様化することによってさまざまなシチュエーションに合う商品開発を行い，それを多様な事業展開につなげていく展望を持っている。トマト事業（9月10月の栗の後に11月に収穫），サブレ，バウムクーヘン，モンブランなど，それらを生み出す仕組みも新しいものを検討する予定である[30]。

2　長谷川農場「足利マール牛」（農業生産者としての地産地消）

(1)　足利市の概要

栃木県の南西部にある人口143,400人（2020年10月1日）の市で，栃木県の中心都市宇都宮市との関係よりも近接している群馬県桐生市，太田市，舘林市との経済関係が強い地域である。東京都心からは電車で1時間20分前後，車で2時間弱にある地方都市である。

古くは繊維産業で栄え，近年は金型，プラスチック加工などの工業や，総合的な商工業都市として発展してきた[31]。

(2)　地域価値の発見と創造

もともと約60年前から（先々代から）循環型農業を行っていた。牛が食べる稲わらを自らで収穫してまかなっていたが，自分のところでは足りないので近隣からわらを譲っていただいた。その代わりに牛の糞をたい肥として譲るということで，金銭的なやり取りではなく，お互いの不要物をやり取りすることでの循環型農業である。これは他の地域でもなされていることではあるが，足利では畜産をやっている農場が少なく，たい肥を欲しい方がたくさんいるのでこの方式がうまく成り立っていた。

さらに地元のCOCO FARM & WINERY（ココファーム・ワイナリー）との循環型農業を始めることとなる。ワイナリーはぶどうを絞ったあとの果皮や種（マール）の処分に困っており，以前からその相談を受けていたが，それを乳酸発酵させて給餌したところ肉の品質が大変向上した。そのためワイナリーからマールを仕入れ牛の堆肥をワイナリーに還元させるさらなる循環型農業を開始することとなった。

現在は700頭ほどの牛がいるが，もとは20頭からの畜産の開始であった。最初はイチゴ農家であったが，現在は半径5キロ圏内で肉牛，米，麦，玉ねぎ，アスパラガスを育てている。2018年度は足利マール牛を32頭出荷し，3,818万円の売り上げである[32]。

野菜の販売は95％農協で，自分のところではほとんど売っていない。

近年まで生産に特化していたが後継者の長谷川大地取締役が就農したことをきっかけに6次化産業も手がけるようになり，2016年1月，これまで個人事業だった長谷川農場を株式会社化した。

(3)　地産地消のとらえ方[33]

約70年間の経営の中で大事にしてきたのは安心安全な食料を作るということである。食糧自給率，安全性，後継者不足などの問題もあまり良い方向に向かない現実を見据え，農業の持続性にきちんと取り組みたいと考えて行動してき

た。そうはいっても，生産することに集中していて，売ってしまったあとは誰が消費してくれているのかなどはわからず，あまり気にしてはこなかった。

しかし，ここの肉はどこで買えるのですか？と問われたときに，「わかりません」という答えでいいのか，という疑問を持ちこの運動に関わろうと思った。持続的農業，地産地消に関わることによって，地域との関係を強化することによって地域貢献を図り，自分たちの農場の方向性もきちんと探ろうとしている。

長谷川農場では地産地消という言葉は地消地産という考え方をもっている。それは地元の人が食べてくれるからそれを作りたい，というとらえ方である。地産地消というのはどちらかというと生産者の側の考え方，一方的な押し売りのイメージが強く，そうではなくて，食べてくれる消費者のために生産者として美味しい商品を作りたいという考え方である。

下平尾勲は，地消が地産を規定する，として消費があって生産物が評価され，地産地消というのは生産したものを売るよりもむしろ売れるものを生産することが肝要であり，この意味では地消地産が基本である，と述べている[34]。

食育も重要視している。幼稚園，小学校，中学校の生徒たちと稲刈り体験や牛との触れ合い体験，さらに稲刈りだけでは継続した体験になりづらいので自分たちが育てたものを食べる体験活動を行っている。

「見せる」：消費者が安心して納得して口に運べるように情報は開示する。「観せる」：農業体験などを通したグリーン・ツーリズム，生産者側の見学，食育授業など生産者と消費者が交流できる場を提供する。「魅せる」：味や品質で消費者を魅了し，日本の農業技術の素晴らしさを伝える，新規就農者を育成し，農業の楽しさを伝える[35]。以上のような「みせる」農業を使命ととらえている。

(4) 地域価値の育成（マーケティング的視点）

① 生産方法

子牛を北海道から7か月位で買い付け，そこから約2年間成育し28か月から29か月で肉牛に育て出荷する。牛舎は5棟あり現在はエサをそれぞれの段階で変えており，ブランドである「足利マール牛」にしていく。マールを牛にあげ始めるのは月齢18か月から20か月のときに，えさの残り状況を見ながらマール

を混ぜて与える。マールをあげることによって肉質が変わってくる。マールは，地元にあるCOCO FARM & WINERYから譲り受け発酵させ給餌し，その代わりに牛のたい肥をCOCO FARM & WINERYに還元している。

　足利マール牛は2013年に長谷川農場が商標登録したブランド牛である。和牛とホルスタインを掛け合わせた交雑種（クロス・ブリード）といわれるもので，霜降りと赤身のバランスが取れた肉となっている。今までは出荷されると「国産牛」として販売されており，足利という土地で手塩にかけて育てているにも関わらず，地元の人にお届けできていない現状を何とかしたいという強い思いから「足利マール牛」が誕生した。足利マール牛の条件は１．交雑種であること，２．ラクレージマールを給餌していること，３．28か月以上肥育していること，４．足利マール牛協会の認定があることである[36]。

　足利マール牛協会はCOCO FARM & WINERY，飼料の（株）勅使川原精麦所，長谷川農場の３者のメンバーで構成されている協会である。

　長谷川農場では毎月30頭を出荷するが，足利マール牛としての出荷は３頭のみであり，高付加価値化商品である。先ずは30頭の中から10頭を選別し，最終的に３頭に絞っている。これは将来増やしても３割と思っていて，むやみに増やすことにより品質低下がおきないように気を付けている。

　②　ターゲット

　足利市の消費者とそれ以外，というカテゴリーで分けている。足利市内の消費者に関しては地元還元の考え方を持っていて，東京などに売る価格よりは少し抑えている。付加価値を付けてブランド化し，美味しい牛肉なので大量に安く卸すということはしていない。また，取引相手は，こちらの牛肉の良さや品質を理解していただいたところと丁寧に取引をするようにしている。やみくもにターゲットを広げることはしていない。

　③　Product

　主には飲食店に販売し，一般消費者には通販で販売をしている。もともと肉質の評価は高かったが，マール牛に取り組む技術を継続している過程においてさらに評価が向上した。しかし，現在はＡ４とかＡ５とかの霜降り肉と言われ

ているものの需要が減少してきている。年代に関わらずどちらかというとさっぱりと食べられる赤身肉が好まれるようになり，ここの牛肉は赤身と霜降りのバランスの良い味となって現代の消費者の嗜好に合っている。

9割は精肉として売っている。1頭を売り切らないといけないので，残りの1割は加工品としてレトルトカレーやハンバーグ，肉まん（2020年新発売）を販売している。加工は委託しており，カット工場も持っていない。しかし，販売に関してはまだ小規模であり，この生産物の思いを伝えなくてはならないということもあって自社で行っている。

④　Price

安いものではないが，決して高すぎず，味と価格のバランスが取れているものである。「サシ」が程よく入った赤身の肉ということで，健康志向になっている消費者にとっては，味も良く価格も霜降り肉ほどの高さではないため，手頃感がある。たくさん食べてもらいやすい。

⑤　Place

初期のころは，生産・出荷まで行いその後は問屋に委任していた。しかし，ほとんど問屋に委嘱していたので，それ以上はチャネルが広がらない。そこで2017年から飲食店にも販路を広げ約40店舗に販売している。牛の販売で難しいのは牛1頭の量はとても多量で店舗によって欲しい部位などが限られてしまい，その部位のみでは売り切ることが困難になってしまう。そこで開始したのがネット通販である。ここでは店舗では使われない部位などを販売することによって1頭売り切ることが可能になった。

現在，東京都内の飲食店での販路が7割と大きな割合を占めている。地元での販路もさらに少し増えると理想的ではある。実際にマール牛を食べられるお店としてHPで紹介しているのが直営店1店，足利市内飲食店8店，栃木県内飲食店3店，群馬県内飲食店1店，東京都内飲食店5店（2020年10月29日現在）である。

通販では自社HPとスマイルマルシェ（栃木）の2つのルートがあるが，このチャネルがこのコロナ禍という状況も相まって非常に（前年対比500％）伸び

ている。通販の中ではスマイルマルシェの割合がかなり高い。

売り上げの割合は東京7割，足利市内2割，通販1割である。

⑥　Promotion

行政のイベント（足利学門前マルシェ）などに出店，自社イベントも定期的に開催している。まず，食べていただく，というプロモーションを行っている。自社HPやFacebook，Instagramなどで情報発信をしている。基本的に予算を大きく取ってプロモーションを行うことはしておらず，パブリシティに積極的に関与している。飲食店のほうはそのシェフ同士などのつながり・口コミで広げていただいている。

⑦　Public Opinion & Relationship

長谷川農場を中心として，稲わらを交換する農家，足利マール牛にマールを提供しているココ・ファーム・ワイナリー，がこの活動を回している。さらに，6次産業化などには地域の企業が関わっているが，これに関しては，今後いろいろな方向性を検討している。

(5)　課　題　点

6次産業化にも取り組み，「ツチノカ」という飲食店を地元の企業と組んで2015年から行っているが，この取り組みがなかなか難しい。1次生産者が2次3次に取り組むと無理が出る場面がある。生産はしっかりやっていく意向であるが，生産者の思いと他企業の意向が異なる場面もある。

足利マール牛に関しては，爆発的に伸ばすということは今の体制では出来ない。営業やプロモーションを行っているわけではないし，生産体制も大きく拡大していくわけではない。そこをどう考えていくのかが課題である。常に品質を安定させることが最優先であるので今後に向けてどう生産基盤を固め，成長させていくのかを考えている段階である。

(6)　展　　　望

農業は機械化，大型化が当たり前になってきて，さらにICT化も導入されてきている。その中で足利マール牛の生産をどこまでそれに移行していくのかは検討しなくてはならないが，それが新たな方向性を生む場合もある。品質重

視を商品の主軸に置いている中で，このバランスのとり方には慎重な検討が必要である。

　また，現在では販売は自社で行っているのであるが，今後規模が拡大した場合には，委託あるいは別会社を作る必要が出るであろう。新展開として自社レストランの開業を目指している。

3　長野県飯島町「飯島町環境循環ライフ構想」（町役場と農業生産法人の協働としての地産地消）

3－A　飯島町役場

⑴　飯島町の概要

　長野県の南部に位置する飯島町は，人口9,306人（2020年11月1日現在）で1995年の10,989人をピークとして減少傾向にある。東京からは車で約3時間半，名古屋から2時間，大阪から4時間半である。主産業は農業であるが，町民の多くは第2次産業と第3次産業に従事している[37]。米を中心に花，果樹，きのこが主産物である。「ふたつのアルプスが見えるまち」として自然豊かな山間地であるが，観光施設などはあまり無い。

　移住に力を入れており，長野県の中でも早い段階から重要施策として掲げており2011年に定住促進室を設置した[38]。2017年度は73名，2018年度は98名の移住者がいる。2019年度は約60名（約50世帯），移住者は起業するあるいは農業に従事する方が多い。

⑵　地域価値の発見と創造

　水がある，山がある，農地がある，スローライフがある，この価値物が飯島町の総合力である。全てが飯島町の産物であり，もともとあるものをそれぞれに置いておくのではなく，循環させて動かすことを開始した。それが循環し始めると住民も動くし，その渦に他地域の人々も動いていく。以前はそれぞれが個々に活動していたが，2020年夏頃にこれを循環させようという「飯島町環境循環ライフ構想」計画が立ち上がった[39]。

「飯島町環境循環ライフ構想」は4つの柱，1．水力発電，2．バイオマス発電，3．アグリイノベーション2030，4．飯島流ワーケーション，がある。この4つを関連づけて活動していく計画である。

(3)　地産地消のとらえ方

「3．アグリイノベーション2030」は若い20代30代を指し，儲かる農業を目指している。アグリイノベーションでは，排熱→農産物生産→ICTを利用した少量化や付加価値化→販路開拓を想定している。「4．飯島流ワーケーション」は一般的なワーケーションとは異なるものを目指している。ワーケーションの計画は現在農地を用意し，トレーラーハウスを5世帯分準備している（2021年8月くらいには配置予定）。そこに短くても月単位，できれば年単位で居住していただき，住民と交流しながら企業の仕事もしていただく。住民との交流は，農業の技術指導，地域の祭りへの参加，がある。「2．バイオマス発電」と「3．アグリイノベーション2030」の関連性は，バイオマス発電で出た排熱を利用し，ICTの先端技術を活用し，都市部市場への販路を開拓していくものである。

　飯島町のとらえる地産地消とは，水力発電，バイオマス発電で新しい農業を創り出し，さらに飯島流ワーケーションできちんとした儲かる農業につなげていくというものである。4つの価値を，地域を基盤に外部の力を入れて循環させるという考え方である。

(4)　地域価値の育成（マーケティング的視点）

①　生　産　方　法

　このプロジェクトを生み出していくには，自治体，住民，外部者の3者すべてが必要である。自治体と住民が計画を作り，そこに外部者が入ってきて，新しいエネルギーと産物を生み出す。農業を基盤として絶え間なるシステムの再検討をし，独自の方式を構築中である。

②　ターゲット

　外部者が大きな柱になるので，その担い手として大企業のサテライトオフィス的なもの，あるいは情報発信に長けているIT関連企業など，都会の企業と

連携して進めていく予定である。これは差別化にも関係するが，広く浅く企業を求めるのではなく，情報発信に長けている企業などに焦点を絞って関係性を深めることを考えている。そしてさらには若い世代2030のプロジェクトなので20代30代の若い人を求めている。人のつながり・家族形成を行っていかなくてはならないということで，婚活も行っている。

　ただし，地元の人々が動かなければこのプロジェクトは回らないので，ここの部分は必須である。

③　Product

　飯島町の4つの柱，1．水力発電，2．バイオマス発電，3．アグリイノベーション2030，4．飯島流ワーケーション，が商品となる。

　企業の中には精神的なストレスを抱えた方がいる。その一つの対策として農福連携を最初は考えていたが，ハードルが高くなかなか難しい。そのような状況下で，政府がワーケーションを打ち出したのきっかけにベクトルを変えてワーケーションに取り組むことにし，農業ヒーリングという取り組みを開始した。今までは，作った農産物を売ることがビジネスであったが，この飯島流ワーケーションは農産物を作るシステムそのものがビジネスになる。

④　Price

　高付加価値のものを産出し販売するということで，大量に安く売ることは考えていない。農産物に関しては良品質のものを適正価格で販売する。また，サービスやシステムの部分では，飯島町特有のワーケーションのシステムにおいて，目に見えるものと目に見えない価値に対してのそれぞれの対価を鑑み価格を決定していく予定である。

⑤　Place

　農産物に関してはスーパーや道の駅が主なチャネルになる。町内には道の駅が2箇所あり，一つは2002年オープン「花の里いいじま」，2つ目は2016年オープン「道の駅田切の里」である。「花の里いいじま」の顧客は地元民および観光客で，花をメインとして新鮮で高品質の豊富な農産物を販売している。「道の駅田切の里」は地域の生活基盤となっている。近隣にスーパーがないの

で，それの代替施設の役目も担っているため生活雑貨も置いてあり，主な顧客は地元民である。飯島町では道の駅はここを拠点として何かを展開するというのは難しいので，「地域への入り口」ととらえている。

農産物以外では多様なチャネルを模索中である。

⑥　Promotion

予算を挙げて広告をする，ということはほとんどやっていない。情報を自ら発信し，それを双方向にさせて，口コミで広げパブリシティに掲載ということを行っている。それをしていくには，差別化されたProductが無いと広がっていかないので，現在その商品を構築中である。

⑦　Public Opinion & Relationship

2016年に飯島町役場に「営業部」を開設した。町民に町の魅力を磨いていただきその魅力を使った町づくりをどうやって行くのか，という町民を巻き込んだ組織である。「営業部」は自然，食，花，アウトドア，文化の5分野に分かれている。5つの部会が魅力を見つけて磨き，それをワーケーションの体験メニューで形にしていこうとしている段階で，地域全体がワーケーションに関連づけられる下地作りをしている。

モデル地域で田切地区を取り上げているので，そこで基盤ができれば他の地区にも導入予定である。町民が飯島町の価値を改めて掘り下げて再確認し，精度を高めて商品化する作業をしている。それぞれの部会の幹事がリーダーシップを持つ方々で，彼らがけん引役になり行っている。

(5)　課　題　点

現在のリーダーが50代60代の方々である。20代30代の方もいるのであるが，このプロジェクトが実際に根づいていくと予測している10年後にはリーダーがリタイアの時期に入る。ゆえに，現段階から20代30代の方々にこれに関わっていただきたい。飯島町は伝統的に公民館活動・生涯学習が盛んであったが，今は縮小傾向である。住民の30代40代の方々はかなり忙しい世代で地域活動になかなか関われない。それをどのように仕組み化するのが一つの課題である。

餌を作るという3つくらいの循環（米，麦，大豆，野菜等）ができて成り立つことである。ゆえに，従来の地産地消という概念ではなく，地域の基盤づくりにどう農業が関わるかという考え方で捉えている[43]。

(4)　地域価値の育成（マーケティング的視点）

①　生 産 方 法

米が中心作物であり，7割が地元に出荷・消費されている。これは流通コスト（出荷経費，運賃など）が安いこと，また，直接取引ができるので価格決定が他人任せではなく自らできることが大きい。栽培作物は農家側からは白紙委任にされており，水稲，大豆，そば中心だった栽培品目を白ネギ（2006年導入），アスパラガスなど多角化し集約して栽培することによって利益が向上した。品目ごとの団地化や経営に即した計画が立てられるために，野菜生産などでは大きなメリットとなっている。

図表4-2　主要作物の販売比率[44]

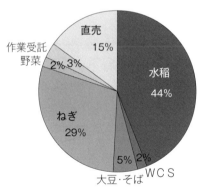

6次産業化は酢メーカー内堀醸造株式会社と共同で商品開発し調味料の「すっぱ辛の素」を商品化した。唐辛子の試験栽培，商品開発を行い，2011年に完成し発売となった。自らの直売所で販売し，唐辛子は他社との取引も始まり契約栽培であるために価格は高く設定されている。6次産業化は1社でやるのはなかなか大変であり，今は1次加工（そばをそば粉にする，玄米を精米するな

ど）が中心である。1次加工をすることによってマーケットが2〜3倍広がるというメリットがあるが，地元にはなかなか売れない商品もある。農商工連携としては，地元の酒造メーカーと協働で日本酒製造に取り組んでいる。

② ターゲット

地元住民を主に考えているが，自社商品を販売する先，そして契約を行う先，担い手は広く開拓している。もちろん，住民の生活および農家自らの基盤をきちんとしなくてはならないが，それだけでは開拓が弱くなるので，多様な相手先を考えている。米に関しては，ターゲットは住民になり，環境に負荷が少ない米「ミヤマシジミ米」を飯島町のブランド米として開発した。ミヤマシジミという希少な蝶を守るために農薬を減らしたり，畔にある草のコマツナギを増やしたり，吸蜜植物を刈り残したりするなどの保全活動を行っている。

③ Product

水稲，大豆，そば中心ではあったが，白ネギ，アスパラガスなどに多角化し集約して栽培している。商品は変わったものとしては，唐辛子，白小豆，桜の葉などがあり，契約栽培で行っている。こういった商品は今まではメーカーが産地形成をしていたが，その産地が高齢化してきて生産量が減少してきたなかで声がかかり，利益率もいいので取り入れている。また，葉を取るとか，実をもぐなどの細かな作業があるので，それは農福連携として発展させていく計画がある。

④ Price

価格は適正価格を心がけている。安くて大量に販売するということではなく，きちんとした品質，数量で，確実に販売するために商品によっては高価格となる。

⑤ Place

販売先は大きく3つに分かれている。「市場」，「契約栽培」，「直売」で，売り上げ比率はそれぞれ3割で，残り1割が多様な試験的な取り組みとなっている。一つの領域に集中しないのは経営の安定を図るための方策である。

図表4－3　販売先の比率[45]

　「市場」はJA，地元スーパーなどが主な取引先である。これは以前からのチャネルを基盤としている。地元スーパーは直接取引なので，コストがかかっていない。「契約栽培」は多様な企業と契約を行い，米，野菜をその企業に合った栽培方法で確実に生産し販売している。「直売」は自ら「キッチンガーデンたぎり」を運営し少品種多品目の販売を主に行っている。規模が小さいので，近隣の農家の方々と関係が近い。直売所登録者数は2020年で約120名であるが，実働は4分の1くらいである。この直売所は特にターゲットは決めておらず，数年前までは夏は観光客（中京方面）が多かったが，最近は8割が地元である。

　現在，通販が伸びていて，楽天のショップでは米やそば粉，ヤマト運輸㈱との事業提携でのショッピングサイトでは米がよく売れる。そば粉は特にプロモーションをしたわけではないが，商品に特徴があるので（白いそば粉ではなく，わざと黒いまま田舎そば粉にした）非常に評判が良い。

⑥　Promotion

　予算を取ってのプロモーションは行っておらず，イベントや他社との事業提携などでの口コミやパブリシティなどが主になっている。イベントは「農業塾」を開催しており，農業の未経験の住民を対象に米づくりコースと野菜づくりコースで10か月間，行っている。町内外，遠くは東京からも参加者が集まっ

143

て月2回行われている。農業への関心を高めることはもちろん，飯島町を知ってもらい定住に結び付けていこうという狙いもある。里親制度での研修生の受け入れ，JICA青年海外協力隊の訓練生受け入れ，町子育て支援センターの収穫体験，小学生の社会見学，高校生の職場体験なども行っている[46]。

　また，ヤマト運輸㈱との事業提携でヤマトのショッピングサイトで販売している。ヤマト運輸㈱と飯島町が地域活性化包括連携協定を結び，多摩地域の会員にアンケートを取り，そこからサンプルを抽選で送りその後注文ができるようになるシステムである。今後は米だけでなく他の農産物にも拡大予定である。

⑦　Public Opinion & Relationship

　地域の農家自らが出資して作った法人が母体になるということで，自らの農地を自ら守るということが浸透してきた。

　また，「キッチンガーデンたぎり」は女性の働く場所として活用されている。スタッフの平均年齢は45才で若い母親世代のアイデアも取り入れて運営されている。女性が働く場所として販売の商品は軽量のものというのを一つの条件としている[47]。

　道の駅田切の里の2016年オープンにも田切地区の地域づくりと活性化の力が注がれている。

　今後は飯島町と協力して飯島流ワーケーション（アグリワーケーション）を進める予定である。これはIT関連の企業と協力体制を敷こうとしているが，農業に関しては趣味がてらに行うというものではなく，しっかりした真剣な農業の取り組みをしていただこうという予定である。バケーション感覚で行うというのは他地域でかなりなされているが，それでは企業と契約して土地建物を貸すということであまりメリットがお互いにない。そうではなくて，企業の仕事と農業の仕事のバランスの上で農業でも収益があがる仕事をしていただくことを目標とする。そこにさらに観光の要素（体験でいらしていただいた方々に）が加われば良いと考えている。

　今までは体験プログラムをたくさん行ってきたが，不特定多数の方々に向けて体験プログラムを組むのはとても大変である。特定の方へのプログラムはさ

ほど困難ではないが，それ以外だとボランティアの人々にとっても苦労が多くなる。子供たちへの体験などは経験上の仕組みもあるので難しくはないが，多種多様なイベント的なものは変えていかなくてはならない。企業や団体などがはっきりした目的を持っていらしていただくと地元の住民もそれであれば協力して進めましょう，となるが，目的もなくただ遊びがてらにいらしていただいても地元住民には逆に敬遠されてしまうことになるので，新しいワーケーションのシステムが必要になる。

(5) 課　題　点

　6次産業化は現在1次加工で止めている。それをどう2次加工につなげて売っていくのかを検討している。地元の醸造会社と作った商品が他地域では売れるのだが地元ではなかなか売れなかった。農商工連携の日本酒もやってみたが，さほど売れない。そのような中で，いかに売れる2次加工商品を作っていくのかが一つの課題である。

　直売所に関しては売り上げが落ちている。飯島町は道の駅も2つあり，それらといかに差別化をしていくのかが課題である。

(6) 展　　　望

　主力の米はさらにどんどん地元に売っていきたい。酒米も地元の醸造会社と協力してやっていきたい。多様な細かな野菜は地元の農家の人たちと提携をしながら，学校給食とかにさらに売っていく予定である。

　また，飯島町と協力して飯島流ワーケーション（アグリワーケーション）としての方向性をきちんと定めていきたい。ワーケーションという言葉だと仕事の合間に農業を行うというイメージではあるが，そうではなく，きちんと収益を上げる農業のシステムを創ることを考えていきたい。お互いにウィンウィンの関係をつくることによって新しい兼業農家を構築することを目標としている。

第5節　課題と新視点

　食糧は人間の生きる根源であり，この基盤が崩れると豊かな日常生活はもちろん基本的な生活を送ることができない。今や，日本の農業や農業を取り巻く環境は，大きく変わろうとしている。地産地消も発祥当時からは大きく様相が変わり，変革を進めなくてはならない時期にきている。わが国においてはコロナ禍によって再度，食糧，農業，流通，マーケティングの見直しが迫られており，現時点での課題と新視点を挙げる。

課　題1　直売所－地元民の購入＋消費者が生産地に購入に出向く

　地産地消の代表的な流通拠点として，従来の地産地消では大きな存在を示していた直売所であるが，さまざまな変化が表れている。

　2018年に行われた調査[48]によると設立の目的は，生産者の所得向上，地域農業の振興，地域活性化の拠点づくりが3大目的である。開設のピークは1999年から2003年で開設から10年を超えた施設が8割を占める。売場面積は100～300㎡未満で平均240㎡である。売り手としての直売所の会員（直売所に出荷できる人々）は約半数が同一市町村内までとし，都道府県内までとする店が15.6%となっている。買い手としての顧客は平日・土日祝日ともに地元客（同一都道府県内）が5割以上である店が全体の半数であり，直売所の多くは地元客の利用によって支えられているが，一方3割の店が地元外の割合が多い。立地によっては（交通利便性が良い，観光地に近いなど）店づくりや商品構成を検討する必要がある。課題としては高齢化，品不足，人材確保で，立地，規模，主体に関わらず，成熟期を迎えた直売活動全体に共通している。今後の方向性としては「地産地消の拠点施設として，地場産物の販売にこだわった営業」を7割の施設が掲げており，地域での安定生産と供給を第1にとらえている。

　コロナ禍で厳しかったのは道の駅・直売所のレストランである。物販に関しては関東地方においては，日帰り観光が多くなったこともあり，さほど打撃はなかった。キッチンカーとかドライブスルーとかの方法もあった。いわゆる観

光地は人が来なくて大幅減，それに対して交通量の多い幹線道路沿いなどはむしろ8月に関しては増加した。最近の道の駅は交通量の多いところに出店していることも多く，交通量≒売上ともなっている[49]。

　直売所は地元民と観光客の大きな二つのターゲットによって成り立っていたが，特に観光客の戦略は大きな変革を求められるようになろう。

課　題2　6次産業化と農商工連携

　安易な6次産業化には大きなリスクが伴うことを理解する必要がある。それは，農業経営体が加工を行うにしろ，直接販売を実施するにしろ，設備投資や人材の確保といった部分である程度のまとまった金額のコストが発生するためである。本当に自前で設備や人材を抱えるべきなのかを慎重に検討する必要がある[50]。

　6次産業化では，どこまでを加工するのかの検討が必要である。1次加工（例えばそばであれば，1次加工はそば粉を作る，2次加工であればそば粉からさらに麺を作る），2次加工をするということは，販売し売り上げが上がれば利益も上がるが，そうでない場合にはそれまでにつぎ込んだ投資や利益が圧迫されることになる。今まで生産者としてだけやってきた事業所にとっては，新規分野への参入や経営のハードルが徐々に上がっていくことになる。

　また，6次産業化は，モノからサービスへの転換も最近見受けられることも注視すべきである。農産物をモノとして産業化するのではなく，ワーケーションやグリーン・ツーリズムに結び付けることも行われ始めている。それには，新しいノウハウと地元でのRelationshipが関係してくる。

　農商工連携もさまざまな取り組みがなされているが，お互いの方向性や目的がうまくかみ合わない場合もあり，その調整業務が必要である。

新視点1　流通の新たな動き―生産者から消費者への直送

　「ポケマル」，「食べチョク」は新しい流通の形態であり，コロナ禍になり人気が上昇した。これらのシステムは，全国の生産者（農家，漁師）から直接消

費者がネットを通して農産物・魚産物を注文，購入できるものである。農家は消費者とタイムリーにやり取りができる。また，スーパーなどの大口消費者に価格で交渉されて条件を飲み，安く（確実ではあるが）販売するよりも，消費者に消費価格で販売するほうが高く売れる，また消費者側としては新鮮なものが宅配便などで迅速に入手できる，ということで，日本の市場の中に急速に拡大した。

　現状，登録農家が爆発的に増加したところで，消費者が自分の好みの販売農家にたどり着けない状況が生まれてきている。その中で，農家は情報の発信を工夫し始めている。動画のクオリティの工夫や，あるいは著名人にSNSで発信してもらう，など，競争が激しくなる中でいかに消費者の目に留まることを可能にするのかに力を入れ始めてきている。

　コロナでしばらくは道の駅などの直売所に人が来なかったが，そのような状況下でも通販では売り上げが伸びた。通販で売れると地域の縛りに意味があるのか，という指摘もある。従来の地産地消で言われてきた相互扶助的なことは否定しないが，地産地消＝相互扶助というような概念で縛りをつけるのはあまり意味もないかもしれない。地域の文化伝統歴史を無視するということではないが，かといって相互扶助的なことにこだわる必要もない。経済的に回していこう，ということを含めなくてはならない時期にきている。

新視点２　一般社団法人　日本食農連携機構[51)] の３つの基本計画

①　新たな流通プラットフォームを確立する。地方同士のアライアンスを深めていくことを考えている。現在の農産物流通は必ず東京の大田市場を通る仕組みになっている。しかし，それだと災害（例えば首都直下型地震など）が起これば，全国の流通は止まってしまう。これを改善することを検討している。

②　グローバル化　単なるモノの輸出ではなく，また単なるワーカーではなく高度な技術・知識を持った人材（高度人材，高度外国人）を日本での農業法人の幹部候補生あるいは片腕になっていただくような人材還流ができな

いかを検討している。

③　地産地消　地域の活性化と農業の活性化とは表裏の関係になっている。そこでこの基本を固めるにあたり，都市と農村の交流人口を増やしていこうという計画である。今までの内向きの地産地消では徐々に縮小してしまう恐れがある。そうではなくて，外との関係でいかに人とお金の流れを作っていくのかが現代における地産地消なのではないか。そのために情報発信が地方には重要である。

これらの新たな指摘を考えた上でも，安易に流通を拡大するのではなく，先ずは何かに集中してそこから発展形を作るのが理想ではないだろうか。また，消費者と農家の双方向性を改めて考えるときが来ているのではないか。お互いがお互いを思い合う，食することは生きること，この精神が地産地消の根底にあることを忘れずに新たな地産地消の形態の胎動を大切に育てなくてはならない。

私たちが到達している高度の都市化・工業化社会はヨーロッパに始まる産業革命以後およそ200年の歴史を持っている。それまでの農業を中心にした土着的な社会から，機械を駆使した高い物的生産力を持つ，優れて経済的な社会へとスタートしたのである。この転換をロストウは「離陸」＝テイクオフとよび高度大衆消費社会という経済的・物的な幸福の世界を見たのである。祖田はここから土に着するべきと説いている。土から離れるのではなく，土に着き足元を固めよ，と説いている[52]。

祖田の言う「土」の恵みや価値を今一度肝に銘じ足元の地盤をどのように固めるのか，現代社会に沿う多様な地産地消の形態を考えていくべきときに来ている。

〔注〕
1)　祖田修『着土の世界』家の光協会，2003, pp. 61-62.
2)　折笠俊輔「農業を基盤とする地域産業の活性化」上原征彦編著『農業経営』丸善出版，2015, p. 43, 46.

3)　岩田貴子，丹下博文編『地球環境辞典（第4版）』中央経済社，2019，p. 227.

4)　下平尾勲「地産地消のすすめ(1)」『福島の進路』2007年8月号No.300，福島経済研究所，p. 24.

5)　上原征彦「日本の農業経営のこれから」『農業経営』丸善出版，2015，pp. 6-7.

6)　伊東継年『地産地消と地域活性化』日本評論社，2012，pp. 5-6.

7)　6）と同じ，pp. 2-4.

8)　富田敬二「わが国における有機農業研究の到達点と今後の課題」『農政経済研究』第23集，大阪府立大学農学部農業政策学研究室，2001，pp. 27-38.

9)　農林水産省HP　https://www.maff.go.jp/j/shokusan/gizyutu/tisan_tisyo/（2021年2月17日現在）

10)　蔦谷栄一「『地産地消』の評価と将来見通し」食料白書編集委員会編『食料白書2006（平成18）年版　地産地消の現状と展望』農山漁村文化協会，2006，p. 119.

11)　二木季男『地産地消と地域再生』家の光協会，2010，p. 11.

12)　4）と同じ，p. 21.

13)　6）と同じ，pp. 10-11.

14)　6）と同じ，p. 311.

15)　1）と同じ，p. 65.

16)　二木季男『地域農業の担い手を育てる　実践！農業者養成講座』家の光協会，2011，pp. 34-35.

17)　https://www.e-stat.go.jp/stat-search/files?page=1&layout=datalist&toukei=00500247&tstat=000001052099&cycle=8&year=20181&month=0&tclass1=000001059145&tclass2=000001141693（2021年2月17日現在）

18)　二木季男『農産物直売所は生き残れるか』創森社，2014，pp. 38-39.

19)　11）と同じ，pp. 108-111. 二木はPublic Opinion & Political Power（地域の合意形成と行政のリーダーシップ）を提示した。

20)　岩崎邦彦『農業のマーケティング教科書』日本経済新聞社，2017，pp. 168-171.

21)　小川孔輔「有機農業と有機農産物の流通研究」小川孔輔・酒井理編『有機農産物の流通とマーケティング』農文協，2007，p. 275.

22)　20）と同じ，pp. 32-33，36-37.

23)　二木季男『地産地消マーケティング』家の光協会，2004，pp. 14-15.

24)　18）と同じ，p. 39.

25)　18）と同じ，p. 77.

26)　株式会社恵那川上屋　鎌田真悟代表取締役へのインタビューに基づく（2020年10月11日）。

27)　平成30年度東海農政局地産地消交流会「活動発表資料」，2018.

28)　恵那川上屋会社案内，2021，p. 8.

29)　27）と同じ。

30)　恵那川上屋「13期からの全社中長期戦略資料」，2021.

31)　足利市企業立地ガイド　http://www.ashikaga-kigyouyuchi.jp/mayormessage（2020

年11月2日現在）

32）　地域発！地産地消優良事例　https://www.e-toroku.jp/eatlocal 2020/chisan_chisho_koubo/download/cases_list_r 01.pdf（2020年11月3日現在）

33）　株式会社長谷川農場　長谷川大地取締役へのインタビューに基づく（2020年10月14日）。

34）　4）と同じ，p.25.

35）　長谷川農場HP　https://hasegawa-noujou.jp/（2020年10月29日現在）

36）　長谷川農場HP　https://hasegawa-noujou.jp/stockbreeding/（2020年10月29日現在）

37）　長野県飯島町『飯島町町勢要覧2016』2016，p.35.

38）　37）と同じ，p.9.

39）　飯島町役場　片桐知加子魅力デザイン係長兼定住促進室長におけるインタビューに基づく，2020年11月25日.

40）　①37）と同じ，p.7.
　　　②田切農産『永続する農業・農村経営を目指して　資料』田切農産，2015，p.1.

41）　40）②と同じ，p.5.

42）　37）と同じ，p.21.

43）　田切農産　紫芝勉社長におけるインタビューに基づく（2020年11月25日）。

44）　40）②と同じ，p.7

45）　40）②と同じ，p.7.

46）　40）②と同じ，p.12.

47）　40）②と同じ，pp.14-15.

48）　一般財団法人　都市農山漁村交流活性化機構『農林水産物直売所・実態調査報告』2018，pp.4-6，8，18，27.

49）　山本祐子「新型コロナウイルスによる道の駅の影響」地域活性学会ミニパネルディスカッション（2020年9月12日）。

50）　2）と同じ，p.51　図1.

51）　一般社団法人　日本食農連携機構　水谷事務局長におけるインタビューに基づく（2020年10月22日）。

52）　1）と同じ，p.1，45.

〔参考文献〕

1）　清野誠喜・梅沢昌太郎編著『パッケージド・アグロフード・マーケティング』白桃書房，2009.

2）　小川孔輔・酒井理『有機農産物の流通とマーケティング』農文協，2007.

索　引

著者紹介

岩田　貴子（いわた　たかこ）

1982年　慶応義塾大学経済学部卒業
1992年　慶応義塾大学大学院商学研究科後期博士課程単位取得退学
1999年　日本大学商学部専任講師
2002年　日本大学商学部助教授
2005年　The London School of Economics and Political Science, Research Affiliate
2010年　日本大学商学部教授　現在に至る
2012年9月〜2013年3月　北京外国語大学客員教授

主な著書

『マーケティング・アーキテクチャー』（単著，税務経理協会）1998年。
『マーケティング・ソリューション』（共著，白桃書房）2001年。
『遊・誘・悠の商品開発』（共著，同友館）2009年。
『室井鐵衛　マーケティングの本質』（共著，クリエー出版）2014年。
『エリア・マーケティング・アーキテクチャー（増補版）』（単著，税務経理協会）2017年。など

著者との契約により検印省略

令和4年4月5日　初版第1刷発行

エリア・マーケティング
デベロップメント

著　者	岩　田　貴　子
発行者	大　坪　克　行
印刷所	税経印刷株式会社
製本所	牧製本印刷株式会社

発行所　〒161-0033 東京都新宿区
　　　　下落合2丁目5番13号

株式会社 税務経理協会

振　替　00190-2-187408
ＦＡＸ　(03)3565-3391

電話 (03)3953-3301（編集部）
　　　(03)3953-3325（営業部）

URL　http://www.zeikei.co.jp/
乱丁・落丁の場合は，お取替えいたします。

© 岩田貴子　2022　　　　　　　　　　　　　Printed in Japan

本書の無断複製は著作権法上での例外を除き禁じられています。複製される場合は，そのつど事前に，出版者著作権管理機構（電話 03-5244-5088，FAX 03-5244-5089，e-mail：info@jcopy.or.jp）の許諾を得てください。

JCOPY ＜出版者著作権管理機構 委託出版物＞

ISBN978-4-419-06858-5　C3034